超入門 運動營養學

暢銷修訂版

提升運動成效最重要的是正確的營養補給知識

岡村浩嗣 著
游念玲 譯

晨星出版

叢書序

WOW！知的狂潮

廿一世紀，網路知識充斥，知識來源十分開放，只要花十秒鐘鍵入關鍵字，就能搜尋到上百條相關網頁或知識。但是，唾手可得的網路知識可靠嗎？我們能信任它嗎？

因為無法全然信任網路知識，我們興起探索「真知識」的想法，亟欲出版「專家學者」的研究知識，有別於「眾口鑠金」的口傳知識；出版具「科學根據」的知識，有別於「傳抄轉載」的網路知識。

因此，「知的！」系列誕生了。

「知的！」系列裡，有專家學者的畢生研究、有讓人驚嘆連連的科學知識、有貼近生活的妙用知識、有嘖嘖稱奇的不可思議。我們以最深入、生動的文筆，搭配圖片，讓科學變得很有趣，很容易親近，讓讀者讀完每一則知識，都會深深發出WOW！的讚嘆聲。

究竟「知的！」系列有什麼知識寶庫值得一一收藏呢？

【ＷＯＷ！最精準】：專家學者多年研究的知識，夠精準吧！儘管暢快閱讀，不必擔心讀錯或記錯了。

【ＷＯＷ！最省時】：上百條的網路知識，看到眼花還找不到一條可用的知識。在「知的！」系列裡，做了最有系統的歸納整理，只要閱讀相關主題，就能找到可信可用的知識。

【ＷＯＷ！最完整】：囊括自然類（包含植物、動物、環保、生態）；科學類（宇宙、生物、雜學、天文）；數理類（數學、化學、物理）；藝術人文（繪畫、文學）等類別，只要是生活遇得到的相關知識，「知的！」系列都找得到。

【ＷＯＷ！最驚嘆】：世界多奇妙，「知的！」系列給你最驚奇和驚嘆的知識。只要閱讀「知的！」系列，就能「識天知日，發現新知識、新觀念」，還能讓你享受驚呼ＷＯＷ！的閱讀新樂趣。

知識並非死板僵化的冷硬文字，它應該是活潑有趣的，只要開始讀「知的！」系列，就會知道，原來科學知識也能這麼好玩！

作者序

「飲食的營養」與「運動」兩者的效果會交互影響，比方說不運動就吃東西，熱量便在體內合成體脂肪，令人發胖；相較之下，運動過後再吃東西，卻能輕易地促進肌肉合成。

運動後儘早補充營養，比經過數小時後再補充更容易合成肌肉。因此，即使吃的東西、喝的東西都一樣，只要攝取的時間點不同，營養效果就不一樣。

增加肌肉、減少體脂肪，可以說是人們運動的首要目標。為了能早日確實地達成這個目的，就要有對應的營養飲食法。

也許很多人以為這些營養飲食法是為了從事競技運動的選手而設計，但運動營養學卻不是運動員的專屬知識，對於上健身房運動以保持身體健康的人也有幫助。

本書是為了那些以健康為運動目的的人而寫，書中以科學證據為基礎，為大家介紹有助於提高營養及飲食效果的方法。

筆者在學生時代，恩師便教導我不可以恐嚇說「一定得吃這個」「非吃那個不可」，這麼做會讓人覺得「如果不攝取營養均衡的食物就糟了」，這種想法對於不懂營養學的人而言，很容易成為一種「恐嚇」。如果是人類自古以來原本就有在吃的食物，就不會對身體有害；如果食物對身體有害，那只不過是因為吃法不對而已，過量飲食就是其中一例。

市面上有很多食譜在介紹「營養均衡的飲食」，但可惜的是，這些食譜對於不習慣做菜、不會做菜、沒做過菜、沒時間做菜的人而言，幾乎都幫不上忙。

我很在乎這一點，希望本書的內容能幫助這些人。例如書中寫了「出乎意料的優質早餐」「晚餐吃火鍋」等單元，為各位介紹能輕易準備的餐點。看了本書的內容以後，希望能開啟一道契機，讓各位了解「營養均衡的飲食」並不難。

現代社會，已開發研究出各式各樣號稱可增進健康的食品，然而，現代人的問題其實是熱量過剩，與其建議大家吃下對健康有益處的食物，不吃對健康反而比較好。所謂「不吃比較好」，意味著熱量過剩的人應該減少熱量攝取，以減少多餘的體脂肪。另一方面，運動能增加身體對熱量的消耗，藉此改善體內熱量過剩的狀態。以上兩種方式一樣都是為了改善熱量過剩的狀態，但對身體的影響卻有所不同。

什麼樣的營養及飲食能提高運動效果？不管是沒有教練或營養師可以諮詢的人，還是想運動身體、在閒暇時從事運動以增進健康的人，我想本書或許能作為入門書供大家一讀。

本書能順利出版，得益於講談社中谷淳史先生的寶貴建言，您辛苦了，我在此致上深深的感謝。

岡村浩嗣

目次

第5章 身體組成與體重管理 83

第6章 上健身房運動前、中、後所需的營養與攝取方法 103

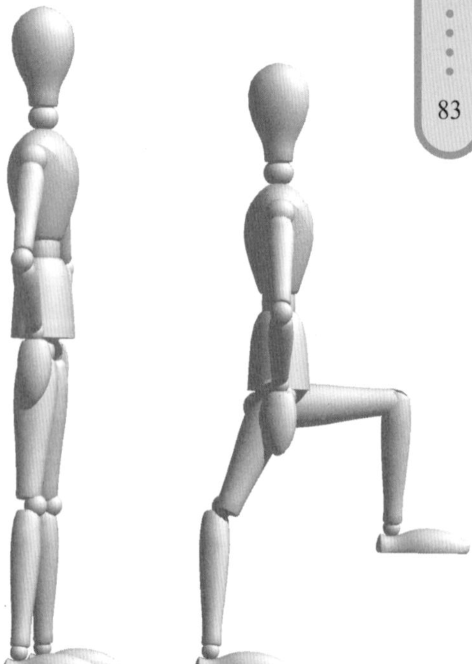

第9章 運動營養學Q&A 165

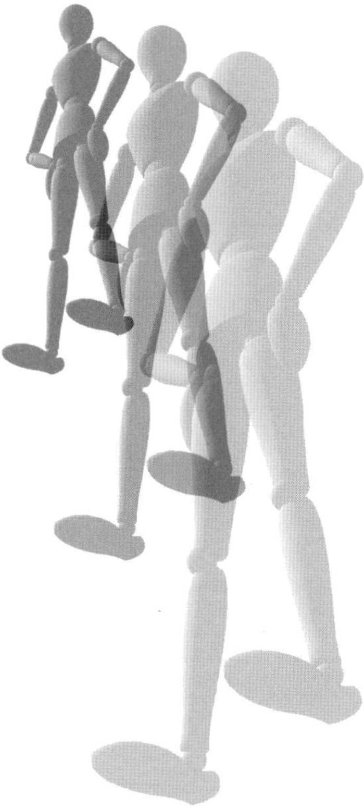

第1章

何謂運動營養學

運動營養學與營養效果

一般人對運動營養學的印象，是一門用來提高運動員運動能力的學問，但其實為了健康而運動的普羅大眾，其實也是運動營養學所要推廣的對象。

我們一運動，身體對於熱量的需求便會增加，因此必須吃下比不動身體時更多的食物。我們攝取的飲食因運動而影響其營養效果，換句話說，即使吃了相同的食物，運動與否所獲得的營養效果並不一樣，以下我們透過圖表來說明這件事情。

圖1－1是沒有做過肌力訓練的人經過十二週的肌力訓練以後，測量肌力、肌纖維面積、氮

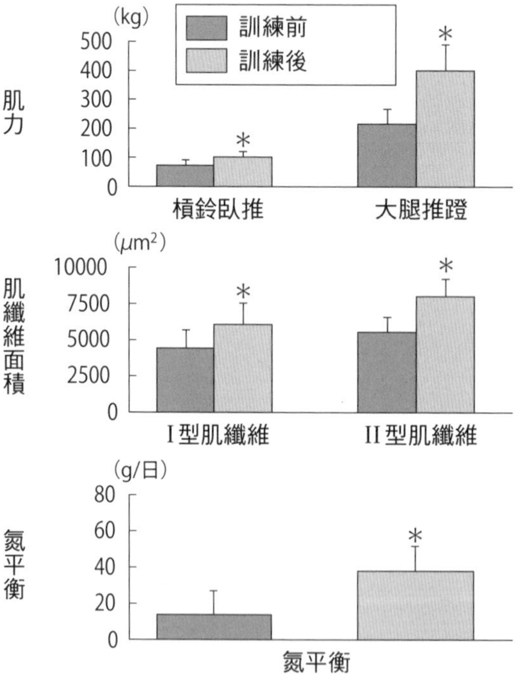

圖1−1　即使不額外增加蛋白質的攝取量，依然表現出肌力訓練的效果。Moore D於2007年的研究。＊表示訓練前沒有明顯差異。

平衡三項指標，來評估其運動成效的實驗結果。圖中顯示，即使沒有增加蛋白質的攝取量，但透過槓鈴臥推和大腿推蹬訓練，能讓受試者的肌力變強，肌纖維面積變大，也就是增加肌肉。至於我們所攝取的蛋白質會被身體利用來合成肌肉、強壯身體，其利用程度則用「氮平衡」作為評估指標。如圖1—1所示，經過十二週的訓練以後，氮平衡指數相較於訓練前更高。這種現象意味著，**只要我們運動，就算不增加飲食中的蛋白質，我們已攝取的蛋白質在體內累積的比重也會增加**。

另外，女性若哺餵母乳，母體每天便流失相當於二百毫升的牛奶鈣質，母親的骨質密度也因而下降。然而，如果在哺乳期間進行肌力訓練，腰椎的骨質密度下滑程度便會被抑制到最輕微，如圖1—2所示。

發生上述現象，是因為運動提高了體內蛋白質和鈣質的利用率，由此可知，我們所吸收的營養素將發揮多少成效、體內呈現何種營養狀態，很大程度是受到運動的影響。

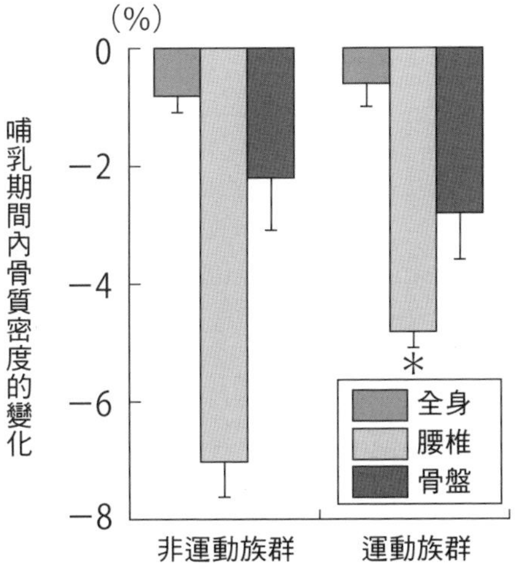

圖1–2 肌力訓練能減輕母體哺乳期間骨質密度減少的情況。根據Lovelady C等學者於2009年的研究。

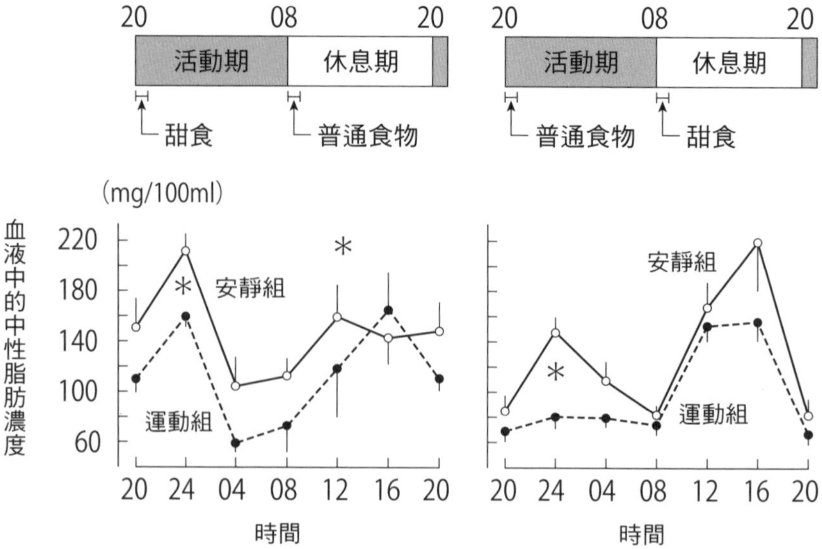

圖1－3　在不考慮甜食攝取時機的情況下，運動會抑制因糖分而使血液中之中性脂肪濃度上升的情況（實驗動物為老鼠）。平均值與標準誤差。＊標記者相較於安靜組有明顯差異。根據Suzuki M等學者於1983年的實驗結果。

科學家將實驗白鼠分成運動組和安靜組，比較兩組白鼠血液中的中性脂肪（三酸甘油脂）濃度，最後得出的實驗結果便是圖1－3。做法是先對實驗白鼠餵以甜食，然後調查運動對血液裡中性脂肪濃度有何影響。結果顯示，即使一天內攝取相同數量的糖分，在活動期間於滾輪上自由運動的老鼠（運動組），血液裡的中性脂肪濃度比一整天靜靜待著的老鼠（安靜組）還要低。左圖老鼠在活動期間被餵以甜食，右圖老鼠在休息期間被餵以甜食，但兩圖同樣都顯示出運動組老鼠其血液裡的中性脂肪濃度較低。

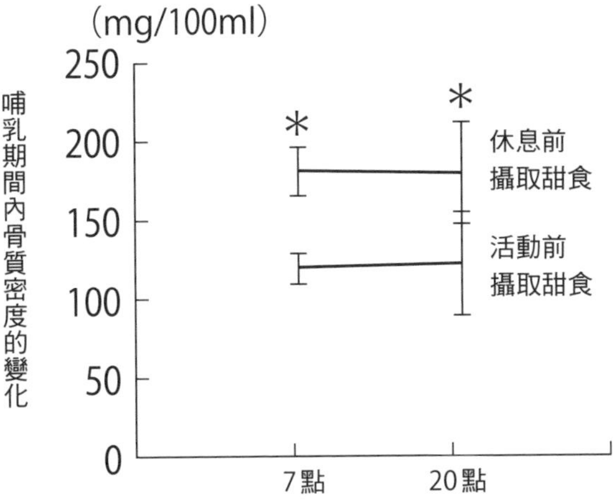

圖 1－4　比起休息前攝取甜食，活動前攝取甜食的老鼠其血液中的中性脂肪濃度更低（實驗動物為老鼠）。＊記號者相較於活動前攝取甜食有明顯差異。根據 Suzuki M 等學者於 1982 年的實驗結果。

我們從經驗得知，**晚上多吃容易變胖，但白天多吃卻不容易胖**，甚至有實驗數據證明了這個現象。圖1－4正是實驗結果，即使攝取數量相同的糖分，但活動之前攝取相較於休息前攝取，血液裡的中性脂肪濃度顯得更低。這表示運動效果會因為食物的攝取時間點而有所不同，這項實驗是「時間營養學」的創始研究。

運動營養學告訴我們，即使為了健康而運動，但倘若不配合良好的飲食習慣及優質食物，反而有害無益。

因此，兼顧運動及均衡飲食才是健康生活的根本。

健身房運動的人與運動員所需的營養及飲食

我想拿起本書閱讀的讀者，不是已經從事健身運動的人，就是今後對健身有興趣的人。那麼，一般人從事健身運動所需的營養，和運動員所需的營養有沒有差別？

基本上，兩者所需的營養並無二致，因此，運動營養學也適用於健身運動上。

不過，可能因為健身運動的目的不同，一般人在健身房運動所消耗的熱量，相較於運動員平日訓練時消耗掉的熱量還要少，也就是說，一般人的食量不必像運動員那麼大。

食量由體型大小和運動量決定，而人體所需的熱量多寡會在第4章說明。

學習生活中容易攝取的營養學

「均衡飲食」可以說是良好飲食的代名詞，可是，就算我們知道要不偏食地攝取各式各樣的食品才行，但若具體問及該怎麼吃，卻鮮少有人答得出來。

大家應該記得小學午餐時，我們會把食物分成各種顏色吧！製造血與肉的屬於「紅色」；成為我們力量和體溫來源的是「黃色」；調整好身體狀況的是「綠色」。我們把這些類別稱為

「食品群」，這是依據食物營養素的特徵加以分類的。為了能讓身體攝取到必要的營養素，我們會努力將不同食品群的食物組合在一起吃下肚。關於營養素的種類和角色會在第3章說明。

有人說：「白飯和豆腐的組合不佳」，若詢問原因，得到的答案是：「因為兩種食物都是白色的」。事實上，白飯屬於「黃色」，豆腐則被歸類為「紅色」，所以是很好的組合。這雖然是個笑話，但要吃各種顏色的食品才好，這種觀念很大程度是受到孩提時期接觸到的事物影響。

除了依靠顏色區分食物群組的想法以外，若能事先知道接下來提及的「五大類食品」，將有助於我們攝取「均衡飲食」。

五大類食品

日本飲食分為「主食」「主菜」和「副菜」。主食有白飯、麵類、麵包等；主菜有肉、魚貝類、蛋、大豆製品等；而副菜則是青菜、海藻、菇類等。就營養而言，這些食品都對身體很好。而五大類食品則是在主食、主菜、副菜之外添加「水果」和「乳製品」兩類，只要吃了這些食品，就能攝取到身體必須的營養素。

從營養均衡的角度來看，主食、主菜、副菜的理想比例是三比一比二，若按照這個比例將食品裝入便當裡，便當盒的容量（毫升）大約等同於熱量（大卡）（圖1－5）。容量七百毫升的便當裡有七百大卡熱量，而一千毫升的便當裡則有一千大卡熱量。當然這是理想目標，如果主菜或副菜的脂肪較多，熱量便會高於容量。

圖1－6上方的長條圖，表示若只攝取白飯和炸雞塊當作主食和主菜時，標準成年男子一餐會攝取到多少身體所需的營養成分。圖表顯示，雖然這一餐能讓人正常攝取到熱量、蛋白質、脂質、碳水化合物，但圖表中由鈣質到右側的礦物質、維生素的攝取量卻很少。從圖1－6下方長條圖可知，在主食和主菜之外加上副菜的鹿尾菜五目煮[1]、涼拌菠菜、水果類的橘子、乳製品的牛奶，便能大大改善營養不均的情

便當盒的容量≒熱量
例：700ml的便當盒→約700kcal

便當的營養均衡
主食：主菜：副菜＝3：1：2

· 主食　米飯、麵類、麵包（碳水化合物）
· 主菜　肉、魚貝類、蛋等（蛋白質、脂質）
· 副菜　蔬菜、海藻類（維生素、礦物質）

此外再加上「水果」和「乳製品」

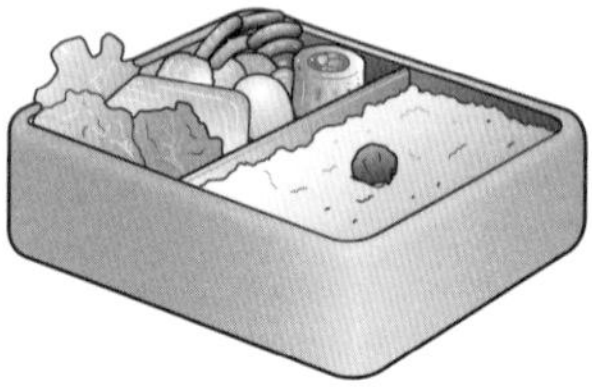

圖1−5　便當盒中的食物量與營養調整

1　日本的家常菜，鹿尾菜是一種藻類。把鹿尾菜與另外四種菜（常見有紅蘿蔔、大豆、牛蒡、豆腐皮）一起水煮後調味而成。

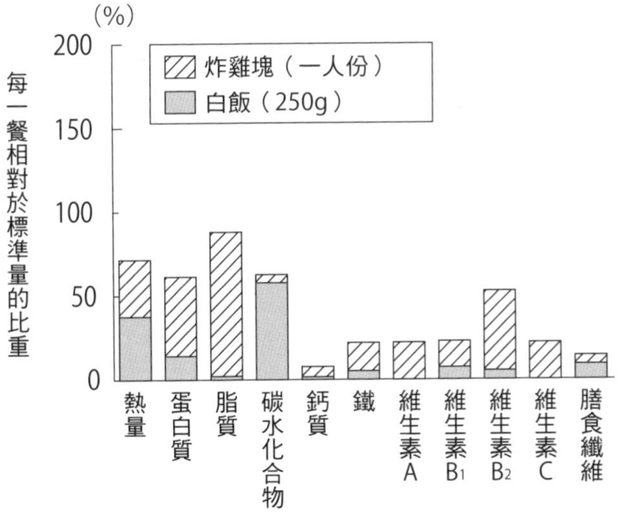

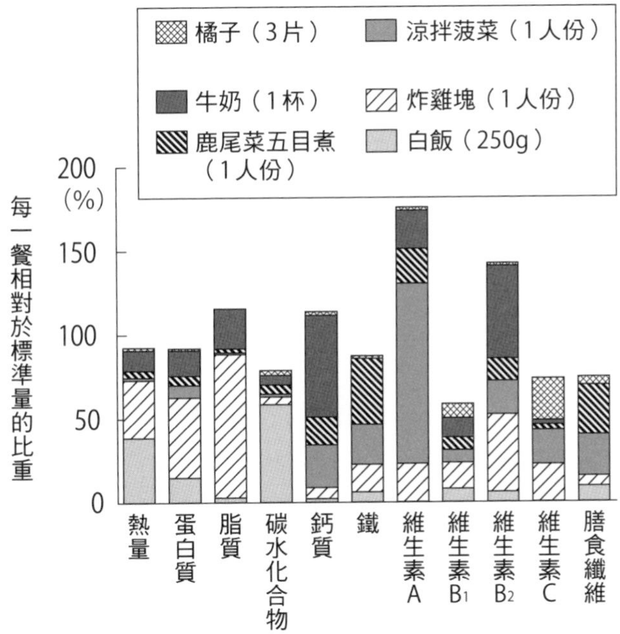

圖1-6　具備完整主食、主菜、副菜、水果、乳製品的餐點便能提供均衡的營養。此為1天消耗2500kcal熱量的情況下。

（資料提供：國立運動科學中心運動科學部之運動營養團體）

況。由此可知，充分攝取五大類食品具有很大的意義。

出乎意料的優質早餐

圖1－7和圖1－8是我們實驗室對單身大學生早餐的改善實例。學生早餐經常吃「一片土司和一杯咖啡」（圖1－7上）或是「一碗飯和一盒納豆」（圖1－8上）。可是，這些食物就營養學來看並不理想。

兩圖下方是請營養系研究生設計改善後的早餐食譜，我附加了幾個條件：①盡可能不要烹煮、②不使用菜刀和砧板、③利用附近隨手可得的便宜食材。

為什麼要附加這些條件呢？因為營養師容易追求理想化的菜單，但一般人無法在早餐上花費太多精力與時間，導致無法持之以恆。

改善的結果是在麵包早餐中增加三片吐司，再加上水煮蛋、牛奶、柑橘類果汁、香蕉。白飯早餐則增加一倍半的飯量，再加上生蛋、牛奶、柑橘類果汁，富含充足的營養成分。

這或許令人難以置信，但這兩份改善後的餐點，在營養上幾乎等同於由白飯、味噌湯、烤魚、荷包蛋、一碟小菜、沙拉、水果、牛奶組合而成的早餐（表1－1）。將蛋、乳製品、水

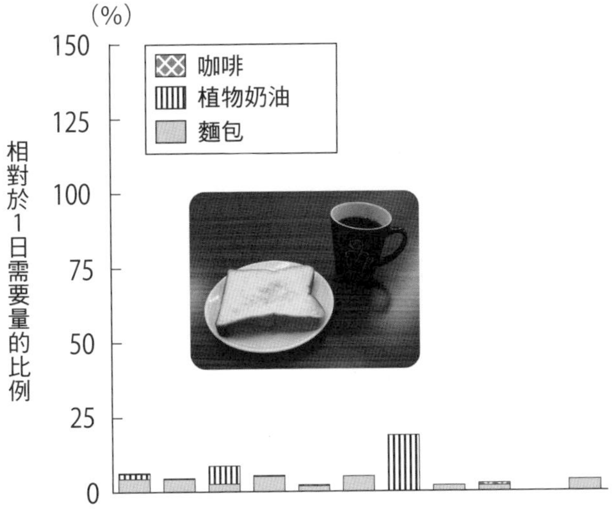

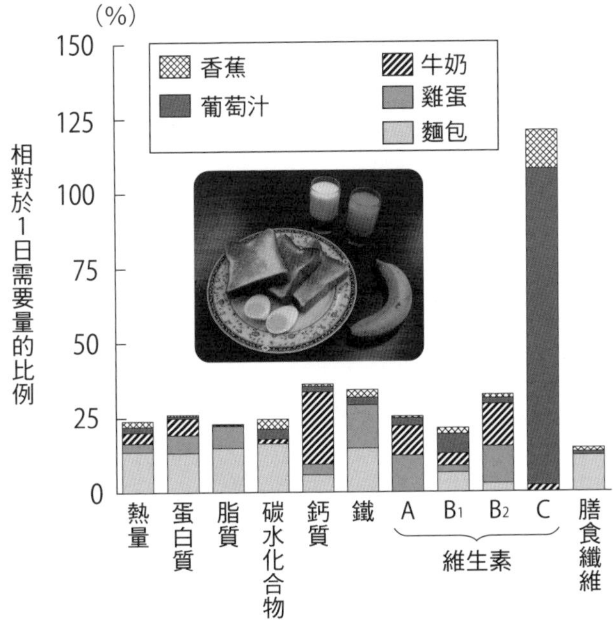

圖1-7 此為以麵包為主食時，菜單改善前後所攝取到的營養成分。菜單對象為1日需要3500 kcal熱量的標準成年男性運動選手。

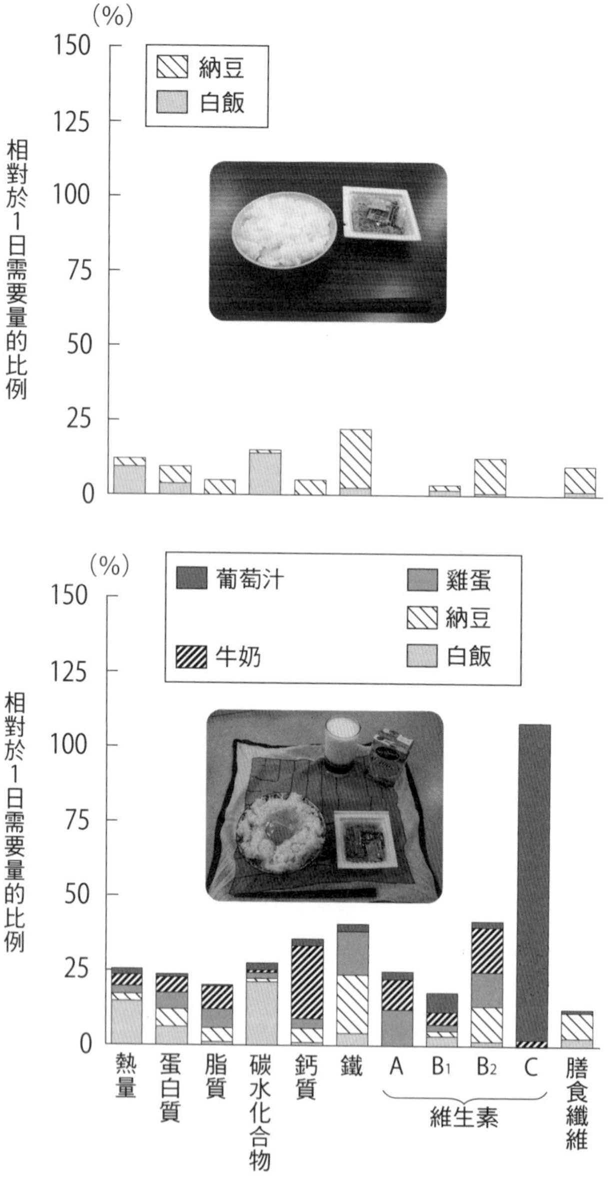

圖1-8　以白飯為主食時，菜單改善前後所攝取到的營養成分，此為相對於一日需要量的比例。菜單對象為1日需要3500 kcal熱量的標準成年男性運動選手。

				早餐需要量※
熱量(kcal)	929	891	845	875
蛋白質(g)	37.3	30.6	33.4	32.8
脂質(g)	27.2	19.4	22.1	24.3
碳水化合物(g)	133.2	144.5	130.8	131.3
鈣質(mg)	486	319	329	225
鐵(mg)	5.1	3.2	2.6	1.9
維生素A(μgRE)	1522	186	190	188
維生素 B_1(mg)	0.41	0.33	0.40	0.47
維生素 B_2(mg)	0.88	0.89	0.71	0.53
維生素C(mg)	109	108	121	25
膳食纖維(g)	12.2	4.3	5.1	8.8

※早餐需要量是以1日需要3500 kcal熱量的標準成年男性運動選手設計。

表1－1 餐點改善後之營養成分比較

果和主食結合在一起，這點具有很大的意義。改善過後的麵包早餐就是西式早點的基本款——「歐式早餐」。

能不能把吐司增加至四片來取代麵包早餐中的香蕉呢？當我這麼詢問以後，設計菜單的研究生說明：「因為吐司含有鹽分，所以才會設計成香蕉。」由於運動員會大量出汗，所以幾乎可以忽略過量攝取食鹽所造成的影響。不過，對那些為了健康而運動的人而言，考慮鹽分的攝取可能是比較好的做法。

我希望各位注意從主食中攝

取到的營養成分。也許人們認為，白飯和麵包等主食除了碳水化合物以外幾乎沒有其他成分，但這並不正確。比方說改善後的餐點中，有三分之一到一半的蛋白質都來自主食，我們還知道，主食也提供了其他各種營養成分。如果麵包和白飯的攝取量過少，就算再怎麼組合其他食品，也無法調整至最佳營養比例。因此，我們要充分攝取主食，這一點很重要。

如果不增加食品項目，是不是會營養不均衡？許多人對此感到不安。但是，這份早餐的設計方式點出事實未必如此。早餐和晚餐不同，一般人每天都吃一樣的早餐，所以重點在於讓不會做菜的人也能輕易地持續下去。如果想要多些變化，只要把水煮蛋改成荷包蛋或炒蛋、蛋餅就行了。

想出這份菜單的研究生小聲囁嚅著：「還不錯呀，真是意外……」我很中意這種說法，而且做法簡單，營養面上也沒有先前的疑慮，所以我們把這道餐點稱為「出乎意料的優質早餐」。如果稍微減少主食的分量，熱量需求較低的高齡者一樣也能享用這道早餐。

第2章

運動的效果會因為「飲食」而改變嗎？

運動的效果與體能訓練的效果

當我們說自己「長肌肉了」「瘦了」「更有體力了」時，便感受到持續到健身房運動是「有效的」。

就運動科學的觀點來看，運動帶來的效果可以區分為身體組織的變化和運動能力提升這兩方面。所謂身體組織的變化，包括體脂肪減少、肌肉肥大等；而運動能力提升例如肌力增強、長時間運動也不容易疲勞、最大攝氧量提高等情形。這些都是在運動、體能訓練持續一段時間以後，身體產生的變化。

營養和飲食在運動中所扮演的角色，是在每次運動或體能訓練的過程中，提供營養素以刺激肌肉生長。因此，營養與飲食對運動效果有很大的影響。

水分補給

當我們消耗較多肌肉能量時，體內產熱也隨之升高，所以運動會使體溫上升，這和汽車引擎溫度升高是同樣的原理。

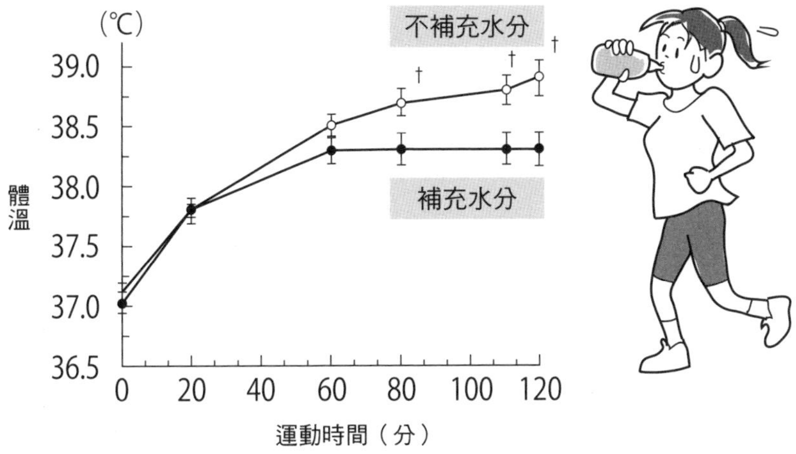

圖2－1　水分補給能在運動過程中抑制體溫上升。†記號顯示60分鐘不補充水分對照補充水分有明顯差異。根據Hamilton MT等學者於1991年的實驗結果。

如果體溫過度上升，人體就無法繼續運動。為了不讓體溫過度升高，身體便出現流汗的機制，當身體持續發汗卻不補充水分，便發生水分不足的情況。

圖2－1表示運動時的水分補給對體溫造成的影響。根據這項實驗，運動過程中補充水分能夠抑制體溫上升。進行體能訓練時若補充水分，可不讓體溫過度上升，亦有助於提高體能訓練的效果。

能量補給

「能量」這個詞的意思廣泛，以運動營養學來說，血液裡的葡萄糖（Glucose）和肌肉、肝臟裡的肝醣（體內保存下來的碳水化合物，用以作為能量來源）是重要的能量來源。血液裡的葡萄糖濃度又稱為血糖值。碳水化合物和脂肪是運動時的主要能量來源，相較於貯存在體內、不容易消耗的脂肪，碳水化合物的貯存量卻很少。

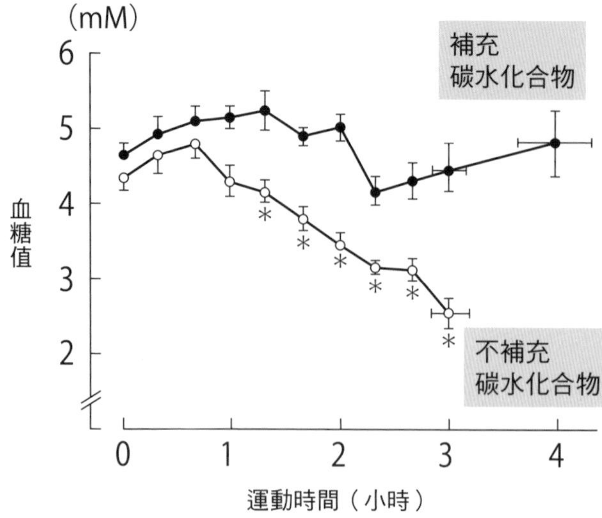

圖2−2　每20分鐘攝取一次碳水化合物或安慰劑時，體內血糖值的變化。＊記號者與補充碳水化合物有顯著差距。根據Coyle EF等學者於1986年的實驗結果。

血糖幾乎是大腦唯一的能量來源；另外，身體若要用脂肪作為能量來源，就必須要有碳水化合物。此兩點非常重要。

圖2－2是調查運動時補充碳水化合物將如何影響身體疲勞的程度。如果在運動過程中不補充碳水化合物，身體血糖值便會降低，三小時後即無法繼續運動。相對之下，一旦補充碳水化合物，便能避免血糖值降低，讓身體運動至四個小時。

圖2－3調查了運動前肌肉的肝醣量對身體疲勞程度有何影響。圖中顯示，運動前的肌肉肝醣量愈多，使身體運動到筋疲力盡為止的時間便愈長。

根據這項實驗，改變運動前的飲食組合，會使肌肉中的肝醣含量跟著發生變化。肝醣是碳水化合物在體內的貯存形態，因此，只要在運動前攝取碳水化合物含量高的食物，體內的肝醣含量就會增加。相較之下，若攝取碳水化合物含量較低的食物，肌肉裡的肝醣含量也比較少。

圖2－4表示受試者在三十公里路跑前的肌肉肝醣含量以及跑步紀錄之間的關係。圖中的橫軸為起點至終點為止各階段時間之測量地點，縱軸則表示在跑步之前，一公斤肌肉中含有

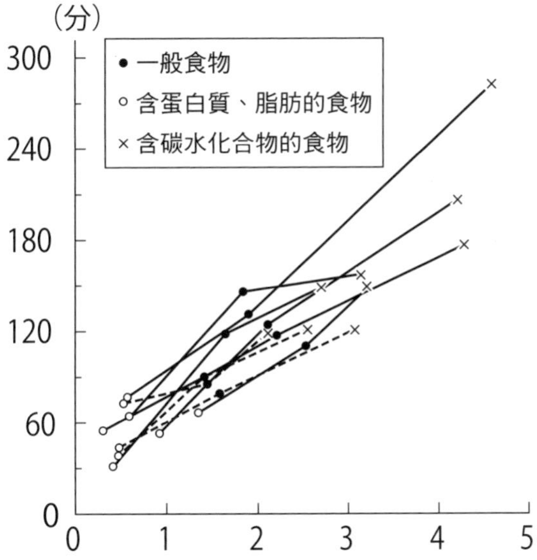

圖2－3 若運動之前的肌肉肝醣含量高，身體支撐到筋疲力盡為止的時間便會延長。根據Bergstrom等學者於1967年的實驗結果。

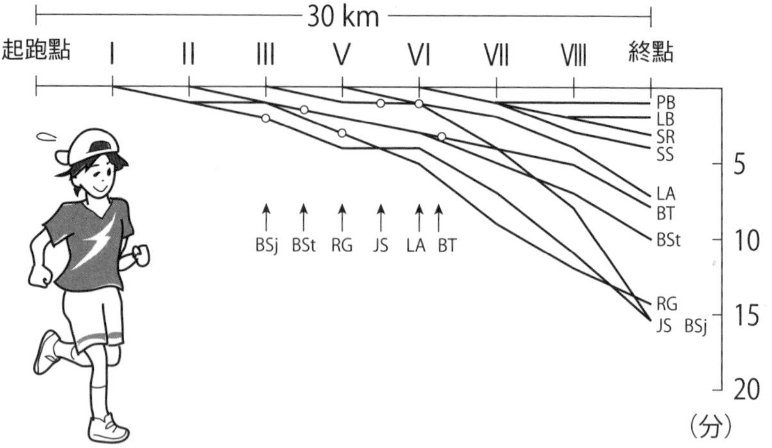

圖2−4　運動前每1kg肌肉中的肝醣含量為3.5g和1.7g時，跑完30公里造成的時間差。肝醣含量為1.7g時，從中途以後時間便愈來愈慢。根據Karlsson等學者於1971年的實驗結果。

一・七克肝醣者比三・五克肝醣者慢了多少時間，圖2−4顯示跑步中途的紀錄已逐漸惡化。由此實驗可知，若運動之前肌肉中的肝醣含量較高，到了運動後期仍能維持高強度的運動。每日進行的體能訓練也是如此，先補充肝醣後再訓練，那麼即使我們處於訓練後期，一樣可以好好完成一開始設定的計畫。

肌肉肝醣在常規性的訓練下會有相當程度的減少，只要在訓練之後攝取碳水化合物含量高的食物，身體就能在隔天訓練之前恢復（圖2−5）。但另一方面，如果攝取的是碳水化合物含量低的食物，肌肉中的肝醣便會逐漸減少，不再恢復，到了第三天訓練之前，肌肉內的肝醣含量甚至比第一天訓練

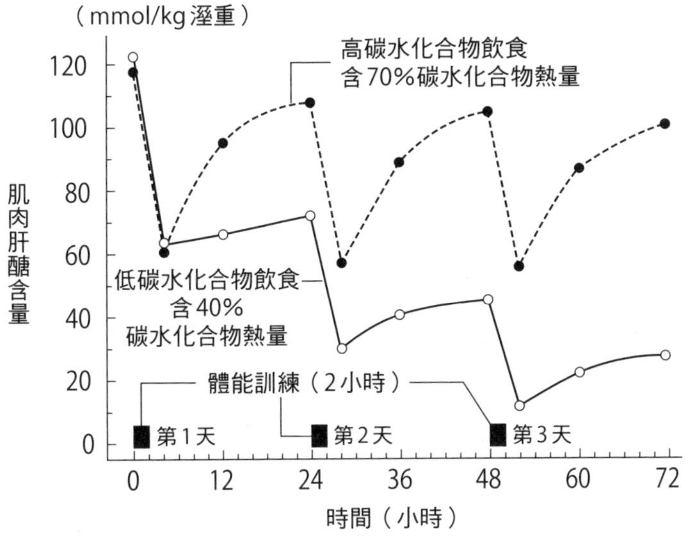

圖2-5　體能訓練將導致肌肉肝醣含量減少，而攝取碳水化合物是重要的恢復手段。根據Costill於1980年的實驗結果。

後更少。而且，攝取低碳水化合物的人，幾乎無法支撐到第三天訓練結束。

由此可知，**在訓練過程中維持血液中的葡萄糖和肌肉肝醣濃度，有助於提高訓練成效。**

這裡所謂的高碳水化合物食物，意指以米飯為主食的傳統飲食；而低碳水化合物食物則相當於不太吃主食，卻努力吃下許多「菜餚」，譬如主菜的魚、肉和副菜的蔬菜、海藻等。就算吃下大量的肉類和蔬菜，不吃主食的飲食就是低碳水化合物的飲食（相當於高蛋白質、高脂質的飲食）。

也有些人認為，對運動選手而言，吃下充足的肉類和蔬菜而少吃米飯似乎是比較好的飲食方式，但經由實驗結果證明事實並非如此。

雖然運動選手的體能訓練和一般人上健身房運動的目的並不相同，但兩者卻有一樣的共通點——「減少澱粉攝取量」並不能提高運動的訓練效果。

運動後的營養補給時機

考慮到飲食影響運動效果，運動後的營養補給便顯得相當重要。運動之後補充必要的營養，可以彌補人體在運動時流失的物質，並使身體獲得體能訓練的效果。

運動時流失的物質包括因出汗而揮發掉的水分，以及貯藏在肌肉等組織當中被當成能量來源而消耗掉的肝醣。為獲得體能訓練的效果，身體必須要有用來修復肌肉、使之生長的蛋白質。

在眾多營養素當中，用以恢復肝醣量的碳水化合物，以及促進肌肉生長的蛋白質，會因為運動後攝取時機不同而產生不一樣的營養效果。

圖2－6是運動後碳水化合物的攝取時機與肝醣恢復情形的關係圖。淺灰色長條圖的受試者在運動後立刻攝取碳水化合物，相對之下，黑色長條圖的受試者則在運動後經過二小時才攝

取。兩組受試者攝取的碳水化合物數量一致。圖表左方是運動後二小時內的肝醣恢復情形，右側則表示二至四小時之間的恢復情形。其中，運動後立刻攝取者的肝醣恢復量是二小時後才攝取者的三倍之多。至於四小時內的肝醣恢復量（可由兩組長條圖各自加總）得知，運動後直接攝取者的肌肉肝醣恢復量也較多。由此可知，**即使攝取相同數量的碳水化合物時，運動後儘早攝取的一方擁有較高的恢復成效**。

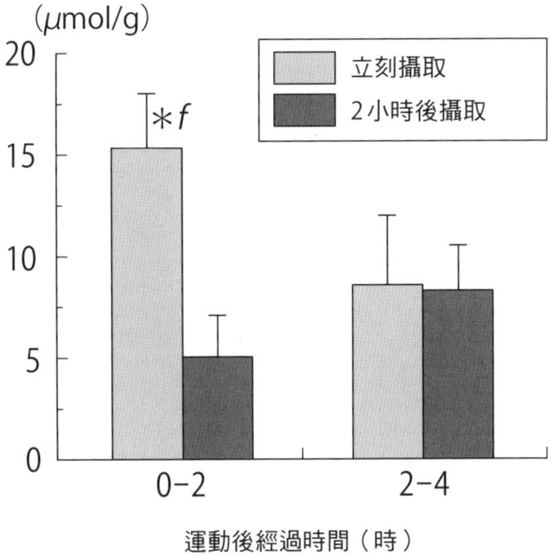

圖2–6　運動後儘早補充碳水化合物，使肌肉肝醣具有更佳的恢復效果。根據Ivy等學者於1988年的研究結果。

相同原理也能用來說明肌肉合成的效果。圖2–7是調查運動後營養補給時機對肌肉蛋白質合成有何影響的實驗結果。圖表縱軸的苯丙胺酸濃度表示肌肉之合成、分解情況，正值為合成，負值為分解。由於運動進行中處於負值，顯示肌肉正在分解。

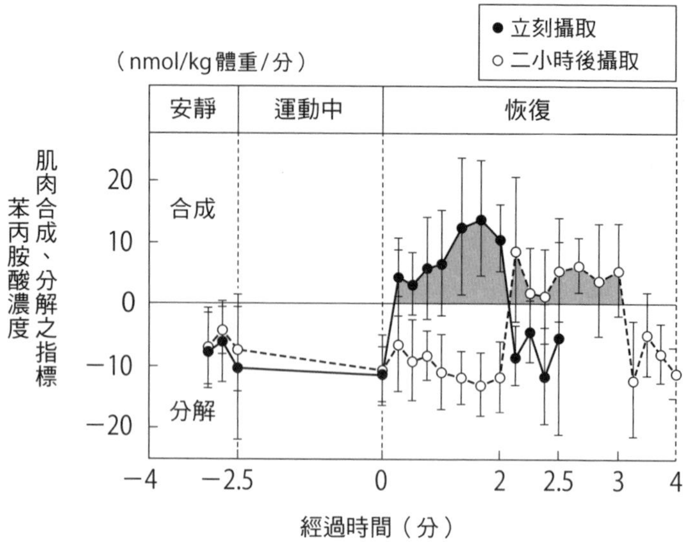

圖2−7　運動後之營養補給開始時機與肌肉的合成、分解情況。平均值與標準差。根據Okamura K等學者於1997年的研究結果。

若運動後立刻開始補充營養，苯丙胺酸濃度顯示為正值，肌肉蛋白質便轉變為合成狀態。相較之下，如果運動後經過二小時才開始補充營養，那麼直到二小時這段期間為止，肌肉蛋白質都持續處於分解狀態，到了二小時以後才轉為合成狀態。圖表中由曲線正值部分所形成的面積，表示肌肉蛋白質的合成數量。運動後立刻進行營養補給，所合成的肌肉蛋白質量會比二小時後再補給還要多更多。

這項實驗顯示，**運動帶來的肌肉合成效果，會因營養、飲食的攝取時機而有所不同**。運動界之所以主張在訓練後儘早補充營養、給予食物，便是基於這樣的研究結果。

第3章

營養素的基礎知識

何謂營養素?

所謂「營養」意指生物為了生存必須攝取的成分，並在體內加以利用。生物攝取的成分就是營養素，包含了蛋白質、碳水化合物、脂質、維生素以及礦物質，我們稱為五大營養素（表3－1）。除此之外，運動時水分也是特別重要的成分。

・蛋白質	車體
・碳水化合物（醣類）	燃料
・脂質（脂肪）	燃料
・維生素	引擎機油
・礦物質	引擎機油、車體
・水	引擎的冷卻水

表3－1　將人體所需營養素比喻為汽車零件

若用汽車零件來比喻營養素便很容易理解。

蛋白質是構成身體的成分，可視為車體材料。

碳水化合物與脂質是能量來源，可視為燃料。

維生素既非身體的構成物質，也不是能量來源，需求量雖低卻又不可或缺，可視為引擎機油。

礦物質和維生素一樣，需求量低，亦非能量來源，但卻是構成身體的物質之一，可視為引擎機油與車體。

水分若攝取不足，體溫便容易上升，提高中暑的危險，因此可視為引擎冷卻水。

透過這個比喻，我們可以了解營養素關係到身體的構成物質及能量來源。

營養素的種類與角色

(1) 蛋白質

蛋白質的主要供給來源，是在第1章「生活中容易攝取的營養學」當中被分類為紅色的食物，包含肉類、魚類、蛋、大豆、牛奶等食物在內，皆富含蛋白質。

蛋白質在人體內被代謝、利用的過程如圖3－1所示。食品中的蛋白質，基本上會被消化為胺基酸這種結構成分，然後再被人體吸收。在營養學這門學科裡，食品中的成分在消化

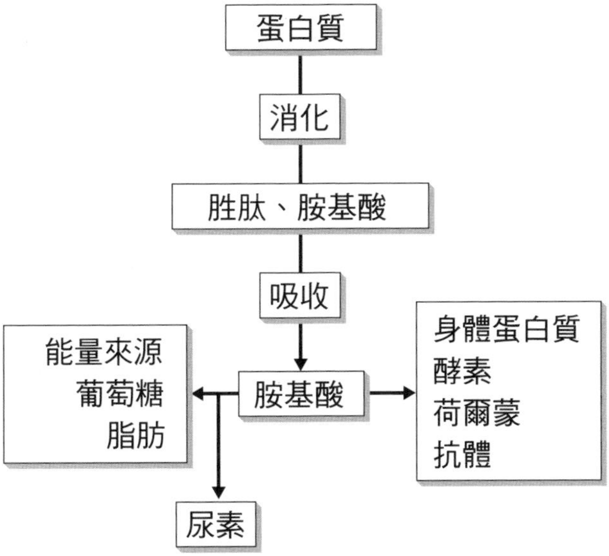

圖3−1　蛋白質在體內的代謝概況

管中被分解至可吸收的程度，稱之為消化，而後再從消化管進入血液裡，稱為吸收。

蛋白質的消化過程中，會產生少數胺基酸結合的結構，我們稱為胜肽。例如二胜肽（depeptide）和三胜肽（tripeptide），它們比單一個胺基酸更容易被人體吸收。拉丁文的「de」意思是「二」，「tri」意思是「三」，因此depeptide由二個胺基酸結合而成，tripeptide則由三個胺基酸結合而成。

被人體吸收的胺基酸不僅形成肌肉和內臟的蛋白質，也會被當作酵素、荷爾蒙或抗體的材料加以利用。所謂肌肉或蛋白質的合成，都是身體使用吸收後的胺基酸當作材料，依一定的順序和數量鍵結而成。正如第7章將會討論到的內容，要合成身體蛋白質，就要利用二十種胺基酸作為材料。

胺基酸在體內會被當成能量消耗掉，另外也有將之轉變成葡萄糖或脂肪的代謝途徑。若以蛋白質作為能量來源，每一克蛋白質擁有四大卡熱量。一旦長時間絕食，導致體內葡萄糖含量不足，肌肉和內臟裡的蛋白質便會分解，產生胺基酸，然後再合成葡萄糖。我們稱這個過程為「糖質新生」。如果在體內的碳水化合物不足，例如肝醣含量少的狀態下運動的話，排泄到汗水中的尿素氮便會增加（圖3－2）。這意味著，為了進行糖質新生作用，體內蛋白質會增加分解的數量。

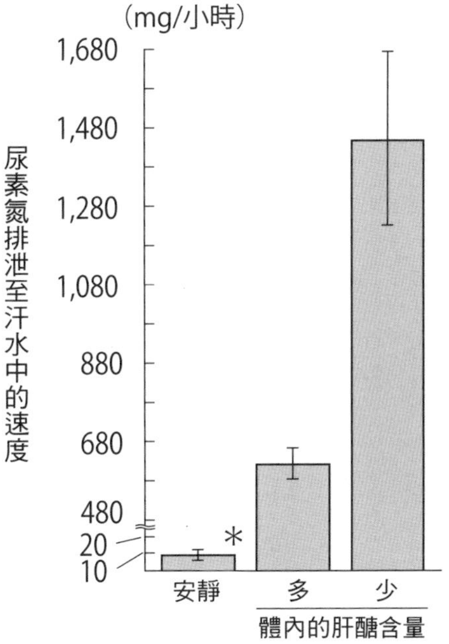

圖3-2　體內的肝醣含量一旦減少，體內蛋白質便會增加分解數量，以進行糖質新生作用。根據Lemon PW等學者於1980年的研究結果。

有些人認為：「多吃蛋白質也不會發胖」，這個觀念是否正確？

第7章會有詳細的說明，但事實上用來合成身體蛋白質的蛋白質數量有其上限，超出上限攝取的蛋白質會被當成能量消耗掉，或者轉變為脂質囤積起來。此外，萬一蛋白質被當成能量來源，那麼身體便不會利用碳水化合物或脂肪，結果造成體脂肪的堆積。由此可知，「多吃蛋白質也不會發胖」的說法並不正確。

（2）碳水化合物

被我們歸類至黃色的食物中，含有豐富的碳水化合物，而這些大多是由稻米、小麥所製成的食物。

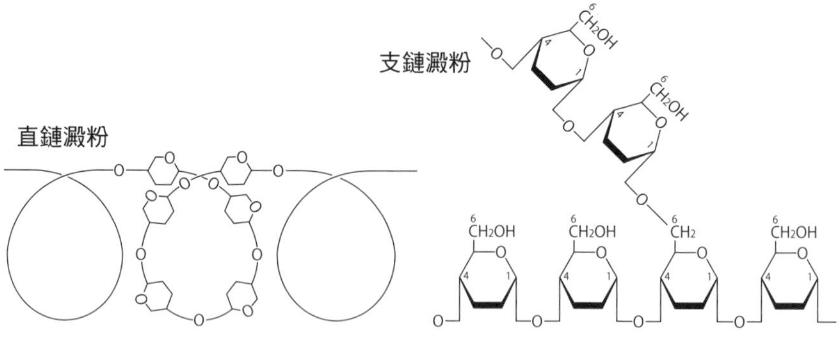

圖3－3　澱粉的結構

碳水化合物這種食物成分，包括了醣類和膳食纖維。

代表性的膳食纖維是構成蔬菜和水果中細胞壁的纖維素，人類無法消化分解，所以身體也無法吸收。身體無法吸收的物質就必須排出體外，因此膳食纖維有助於預防、改善便祕情形。

醣類是能量來源之一，基本上是甜的。食物中的醣類可區分為單醣類（如葡萄糖、果糖）、雙醣類（蔗糖、乳糖、麥芽糖等）、多醣類（如澱粉）。而雙醣類和多醣類會被身體分解（消化）為單醣類再吸收。

蔗糖由葡萄糖和果糖結合而成，乳糖則由葡萄糖與半乳糖結合而成，而麥芽糖是由兩個葡萄糖結合而成。

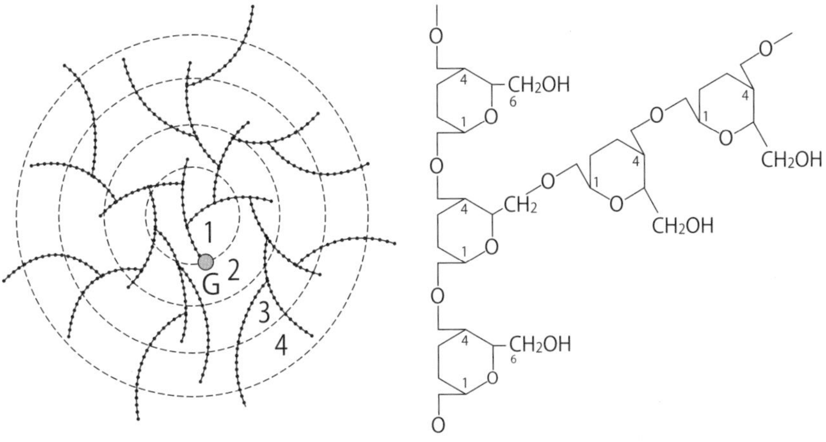

圖3－4　肝醣的結構。如同支鏈澱粉般的樹枝狀結構，彼此相互結合。

澱粉為眾多葡萄糖結合後的產物。圖3－3是澱粉的結構，葡萄糖小單位以六角形標示。澱粉又分為直鏈澱粉和支鏈澱粉，連結成一直線形成螺旋狀的是直鏈澱粉；另一方面，在連結途中岔出許多樹枝狀分支的稱為支鏈澱粉，如圖3－4的肝醣。我們平常吃下肚的白米有蓬萊米和糯米兩種，這兩種稻米當中的直鏈澱粉和支鏈澱粉比例並不相同。分支較多的支鏈澱粉容易連在一起，口感較黏，糯米的澱粉幾乎都是支鏈澱粉，而蓬萊米的黏性也很強，原因在於支鏈澱粉的比例較高。澱粉的消化過程中，產生出鏈結較短的結構，稱為糊精。相較於澱粉而言，糊精容易被分解為一個一個的葡萄糖，因此容易被吸收。

無論是果糖還是半乳糖，被吸收之後在體

內都會轉變為葡萄糖。

我們平日最常攝取到的醣類便是澱粉，但澱粉卻不甜。本書為了避免讀者誤以為只有甜食才有醣類，因此使用「碳水化合物」一詞。

碳水化合物的主要任務便是當作身體的能量來源之一，一克碳水化合物可以生產四大卡熱量，在體內以肝醣形式貯存於肌肉和肝臟之中。肝醣的結構如圖3－4所示，由許多葡萄糖呈分支狀結合在一起。

由於肝醣在運動時會被當成能量來源消耗掉，因此運動後必須加以恢復。而恢復的過程中，我們攝取的碳水化合物分解成葡萄糖被身體吸收，然後在肌肉和肝臟裡再次結合成肝醣，這個過程被稱為「肝醣生成作用」。

（3）脂質

脂質是一種不溶於水，只溶於乙醚等有機溶劑中的物質，食物和體內的脂質包含中性脂肪（三酸甘油酯）、膽固醇、磷脂等。

中性脂肪可能來自於食品中的脂肪，也可能是以體脂肪的形態貯存於體內，是身體重要的能量來源。一克脂肪相當於九大卡熱量，可以產生高於碳水化合物和蛋白質二倍以上的能量。

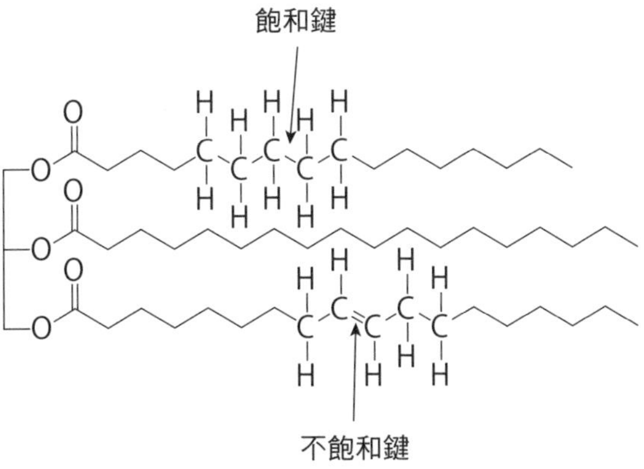

圖3－5　飽和脂肪酸（上）與不飽和脂肪酸（下）

將中性脂肪以結構圖表現，如圖3－5。圖片左側像英文字母大寫E的部分是甘油，右側三條鋸齒狀線條則為後文敘述的脂肪酸。在甘油上結合三個脂肪酸，便形成中性脂肪。

圖3－5中，碳原子的上下兩端都連結了氫原子，碳原子便以單鍵的方式結合在一起，稱為飽和的單鍵，意指氫原子使碳呈現飽和穩定的狀態。另一方面，只連結了一個氫原子的碳原子則以兩條線（雙鍵）結合，稱為不飽和鍵，表示因為氫原子而使上下呈現不飽和狀態。飽和單鍵與不飽和雙鍵當中的碳原子與氫原子關係如上圖所示。

人們以為膽固醇愈少愈好，事實上並非如此。膽固醇扮演著以下重要角色：①男性荷爾蒙、女性荷爾蒙、副腎皮質荷爾蒙等類固醇的材料，②消化、吸收脂肪時必須的膽酸之材料，③維生素D的材料。磷脂及膽固醇亦為構成細胞膜的成分。

脂質攝取也不是愈少愈好。在構成脂肪的脂肪酸中，有被稱為必需脂肪酸的物質，這是身

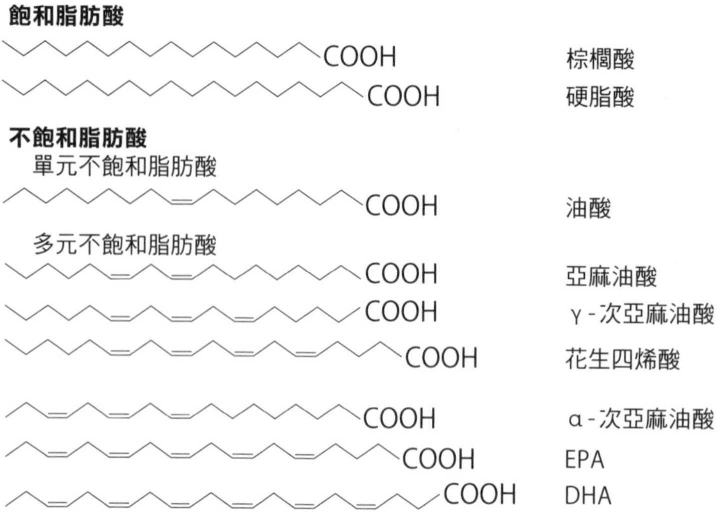

圖3－6　食品中具代表性的脂肪酸

體必須攝取的養分，亞麻油酸（omega-6）和α－次亞麻油酸（omega-3）便屬於此類。此外，後文提及的脂溶性維生素也需要脂肪幫助吸收。

最近，人們愈來愈熟悉飽和脂肪酸與不飽和脂肪酸等用詞，我們便對此做簡單說明。

脂肪的型態包含了液態和固態兩種，而固態脂肪加熱後，一樣會變成液態。換句話說，脂肪的型態可區分為容易凝固和不易凝固兩種。

脂肪是否容易凝固，端看構成的脂肪酸種類而定。

圖3－6將食品中具代表性的脂肪酸繪成結構圖。鋸齒狀線條的彎折處為碳原子

（C），脂肪酸由碳原子結合而成，在碳原子中又結合了氫原子（H）。結合的碳原子數量愈多，脂肪便愈容易凝固。

然而，即使碳原子數量很多，仍會因碳原子的結合方式，而形成不易凝固的脂肪酸。只靠著飽和鍵形成的脂肪酸稱為飽和脂肪酸，而擁有不飽和鍵的脂肪酸稱為不飽和脂肪酸。不飽和脂肪酸依不飽和鍵的數量而有所區別，擁有一個不飽和鍵的為單元不飽和脂肪酸，擁有兩個以上者則稱為多元不飽和脂肪酸。即便結合的碳原子數量很多，但如果含有許多不飽和鍵，脂肪便不容易凝固。

動物性脂肪的多元不飽和脂肪酸含量較少，相較之下，植物油和魚油中的多元不飽和脂肪酸較多。減少植物油中的多元不飽和脂肪酸，使其適度凝固的產品便是植物性奶油。

（4）維生素

雖然維生素關乎蛋白質、碳水化合物、脂質的代謝情形，但卻不是身體的能量來源，也不是構成身體的成分。人體對維生素的需求量非常少，一天需求量之計算單位僅微克（等於百萬分之一克）到毫克（等於千分之一克）。然而，由於人體無法合成身體需要的維生素，所以必須從外部攝取。

	角色	缺乏症	供給來源
A（視網醇）	視覺機能、免疫能力、維持上皮細胞機能	生長障礙、夜盲症上皮細胞角化	乳製品、蛋類、蔬菜類、肝臟
D（鈣化醇）	體內鈣質代謝、形成骨骼	佝僂病、軟骨症、骨質疏鬆症	魚貝類、菇類、經由日照在皮膚合成
E（生育醇）	抗氧化作用	新生兒溶血性貧血、神經與肌肉異常	植物油、堅果類、蛋類
K（葉綠醌、甲萘醌）	凝血作用、形成骨骼	凝血時間延長	葉菜類、植物油、豆類、藻類、魚貝類、起司、納豆、由腸內細菌合成

表3－2　脂溶性維生素在體內的角色及缺乏症與供給來源

許多動物體內用來生產能量或合成身體蛋白質的代謝路徑都一樣，但並非所有動物所需要的維生素皆相同。舉例來說，維生素C（抗壞血酸）幾乎是所有動物都需要的物質，大多數的動物都能在體內自行合成，沒必要再另外攝取。不過，人類卻無法在體內合成維生素C，因此必須從食物當中攝取。

維生素分為脂溶性（表3－2）和水溶性兩種（表3－3），脂溶性維生素容易被貯存於體內，不易匱乏，因此容易過剩；相較之下，水溶性維生素不易貯存於體內，身體容易缺乏，很難發生過剩的情況。

	角色	缺乏症	供給來源
B_1（硫胺素）	代謝碳水化合物	腳氣病	肉類（豬肉）、豆類、牛奶、黃綠色蔬菜
B_2（核黃素）	代謝碳水化合物、脂質	口角炎、口瘡、皮膚炎、舌炎	魚貝類、豆類等
菸鹼酸	代謝碳水化合物、脂質	癩皮病（皮膚炎、腹瀉、精神異常）	魚貝類、豆類等
泛酸	代謝碳水化合物．脂質	成長異常、皮膚炎、食慾不振	幾乎所有食物中皆有。尤其以蛋、乳製品、大豆、魚貝類含量特別多。
生物素（維生素H）	代謝碳水化合物．脂質	由腸內菌合成，一般看不出症狀	肝臟、豆類、蛋黃等
B_6（吡哆素）	代謝蛋白質、胺基酸	皮膚炎。罕見缺乏者。	魚貝類、肉類、豆類等
葉酸	代謝核酸（造血作用）	巨母紅血球性貧血	肝臟、黃綠色蔬菜、水果等
B_{12}（鈷胺素）	代謝核酸（造血作用）	巨母紅血球性貧血	魚貝類、肉類（內臟）等 植物性食物幾乎不含維生素B_{12}
C（抗壞血酸）	合成膠原蛋白、具有抗氧化作用、促進鐵質吸收	壞血病	果實類、蔬菜類

表3–3　水溶性維生素在體內的角色、缺乏症、供給來源

當我們喝下營養飲料或維生素錠之後，排出的尿液顯得更黃，這是因為維生素被排放至尿液裡的緣故。

維生素的名字除了冠以英文字和數字——例如維生素A或維生素B_6以外，也擁有物質性的名稱——如視網醇、吡哆素等。無論怎麼稱呼，它們都是相同的物質。

維生素在體內扮演了各式各樣的角色，如表3－2和表3－3所示，若攝取不足，身體的相關機能便減弱，但攝取量高卻不會提高相關機能。如果過度攝取維生素，可能會引起健康上的問題。吃一般的食物並不會過度攝取維生素，但吃營養補給品時，要注意別攝取過量維生素。

每一種維生素各有各的功能，其重要性不能夠拿來排序，可是身體卻容易缺乏某些維生素，其中以維生素B_1較具代表性，因此，許多健康飲料都會添加維生素B_1。

表3－2與表3－3也列舉了各種維生素的代表性食物，不過，與其記住現實生活中哪些食物的維生素含量較高，不如從第1章提到的「五大類食品」中均衡攝取更為實際。

食物中的肉類意指動物的肌肉與內臟。由於人類和動物擁有共通的代謝途徑，因此動物的肌肉中存在著人類肌肉代謝時所需要的物質。肝臟是人類和動物進行代謝作用的主要臟器，因此肝臟中自然含有相當豐富的維生素。

維生素是一種化合物，一經加熱便會分解。這種特質也成了營養師建議我們吃生菜的理由，可是，維生素加熱後並非什麼都不剩，而且蔬菜加熱過後才能讓人吃得更多。為了攝取身體容易缺乏的膳食纖維，多吃一點蔬菜比較好，而且加熱還能減少食物中毒的危險。綜合來看，蔬菜加熱後再吃比較妥當。

儘管可以生吃的蔬菜很多，但那些都是外來種，而非自古原生的蔬菜。在輸入外國生菜以前，也沒有維生素不足的問題，因此我們也沒有必要堅持生吃蔬菜。

（5）礦物質

人體對礦物質和維生素一樣需求量極低，但卻是不可或缺的營養成分。

表3－4表示礦物質的功能與供給來源。儘管礦物質和維生素一樣在體內負責各種任務，但仍有相異之處，某些礦物質是構成身體的成分。

此外，相較於維生素的化合物形態，礦物質是一種元素。因此，任何動植物都無法在自己的體內合成礦物質。換句話說，我們必須從地球的土壤中攝取這些元素。

海水擁有豐富的礦物質，其中以「鈉」的含量最多。下雨時，雨水流經地表，滲透到地底下，溶解土壤中的礦物質後流入海洋，形成海水。因此，礦物質的供給來源多為藻類或魚貝類。

	身體構成成分	調節體液的pH質與滲透壓	調節神經與肌肉活動	生理活性成分	活化酵素	供給來源
鈉		○	○			食鹽
鉀		○	○			蔬菜類、果實類、豆類
鈣	○	○	○			乳製品、小魚類、黃綠色蔬菜
鎂	○	○	○	○	○	藻類、堅果類、豆類、魚貝類、穀類
磷	○	○				魚貝類、穀類、堅果類、乳類、蛋類
鐵	○			○	○	肝臟、藻類、魚貝類、肉類、黃綠色蔬菜
鋅				○	○	魚貝類、肉類
銅				○	○	肝臟、堅果類、魚貝類
錳				○	○	穀類、豆類、蔬菜類
碘				○	○	藻類、魚貝類
硒				○	○	魚貝類、蛋類
鉻	參與碳水化合物的代謝過程					肝臟、穀類、豆類、香菇類、堅果類
鉬					○	肝臟、豆類

表3–4　礦物質的功能與供給來源

在種類繁多的礦物質中，某些礦物質可能會讓人質疑其營養價值，當體內礦物質含量不足，就會對身體相關機能產生不良影響。不過，增加攝取量不代表能提高相關機能，幾乎所有的礦物質都會因過度攝取而出問題，這點與維生素相同。

礦物質就像維生素一樣，只要我們在平日的食物中攝取，並不會出現過剩的情況。但若從營養補給品中攝取，務必嚴守食用量，不要過度攝取。

礦物質或維生素無法成為能量來源，換句話說，它們沒有熱量。這也造成人們覺得礦物質和維生素是有益身體的營養素，應該多多攝取的印象。然而，我們必須認清各種營養素在體內分別扮演著不同的角色，任一種營養素不可能取代另一種營養素。

（6）水

成人體重的六十％都是水分，說到體內的水分，首先便想到血液。然而，由於血液僅占體重的七％，因此體內大多數水分都不是血液，而是存在於細胞內以及細胞間質（細胞之間的物質）當中。

至目前為止本書提到的營養素，皆透過血液被運送到相對應的器官、組織中利用，而在這些器官與組織裡，亦藉由水分將營養素搬運、移動至細胞間質及細胞內。

進		出	
飲品水分	1,200ml	尿	1,300ml
食物	800ml	大便	100ml
代謝水	300ml	無感蒸發	900ml
		（不可避尿）	（500ml）

表3－5　1天的水分進出量

人體水分的進出量如表3－5所示。一天當中，從食物攝取的水分為八百毫升，或許有人會覺得這個數量很多，但如後文（圖3－7）所示，食品當中含有更多水分。

表3－5所謂的「代謝水」，是碳水化合物或脂肪經代謝後，在體內產生出來的水分。

「無感蒸發」意指不知不覺中從皮膚蒸散掉的水分。由於運動增加排汗，因此經由皮膚離開身體的水分亦隨之增加。

為了將體內產生的代謝物排放到尿液裡，所排出最低限度尿量就是「不可避尿」。

成年人一天約攝取二公升的水分，也排放出等量的水分，如此使體內維持一定量的水分。

營養素過與不及皆不宜

當營養素的攝取量比需要量低時，便會對體內的相關機能或任務產生不良影響。因此，擔心自己沒有攝取到需要量的人，就容易購買營養補給品。而到健身房運動的人，很多人都特別喜愛服用營養補給品。

然而，營養素攝取愈多，對體內的相關機能與任務而言，並非好事一件。舉例來說，蛋白質是重要的營養素，但如果沒有被完全利用掉，就會在體內轉換為脂肪，逐漸堆積。碳水化合物的情形也一樣。由此可知，無論是蛋白質或者碳水化合物，只要攝取過量，就會形成體脂肪堆積起來，使身體肥胖。至於維生素和礦物質，雖然過量攝取並不會發胖，但若長期如此，還是會造成健康受損。

話雖如此，如前所述，從平日的食品中攝取維生素和礦物質，幾乎不會有過量的問題，我們不必太擔心。不過，喜愛服用營養補給品的人，可能會大量攝取到特定的營養素，這一點必須多加注意。

食品的成分

食品中的營養素含量與種類各具特色。

譬如我們的主食——白飯與吐司，便含有大量碳水化合物，但又不只有碳水化合物，還有其他許多營養素在裡面。

圖3－7表示每一百克食品中的營養成分。我們注意到，許多食品皆含有大量水分。白飯和吐司的確含有許多碳水化合物，但也有蛋白質和脂質。吐司的蛋白質含量大約等同於雞蛋和維也納香腸。維也納香腸由肉類加工而成，擁有高蛋白質，脂質含量也很高。肉類是蛋白質來源沒錯，但也是脂質來源。

圖3－8表示圖3－7食品中，一般成年人每一次標準食用量的營養成分。由於我們對主食白飯和吐司的攝取量較多，所以從主食中攝取到的蛋白質比例較高。

熱量密度

即使食品的體積或重量相等，食品中的熱量也不會一樣。如表3－6所示，橘子和水果蛋糕的重量都是九十克，但熱量卻分別是約三十大卡和三百大卡，水果蛋糕的熱量比橘子多出十倍，這是因為食品中的水分不同導致。水分沒有熱量，因此水分含量高的食品，其大分量的外表下卻有著較低的熱量；相對之下，水分少的食品熱量較高。

在圖3－7中，洋芋片的水分非常少，因此每一百克所含的熱量很高。各種食品每一單位

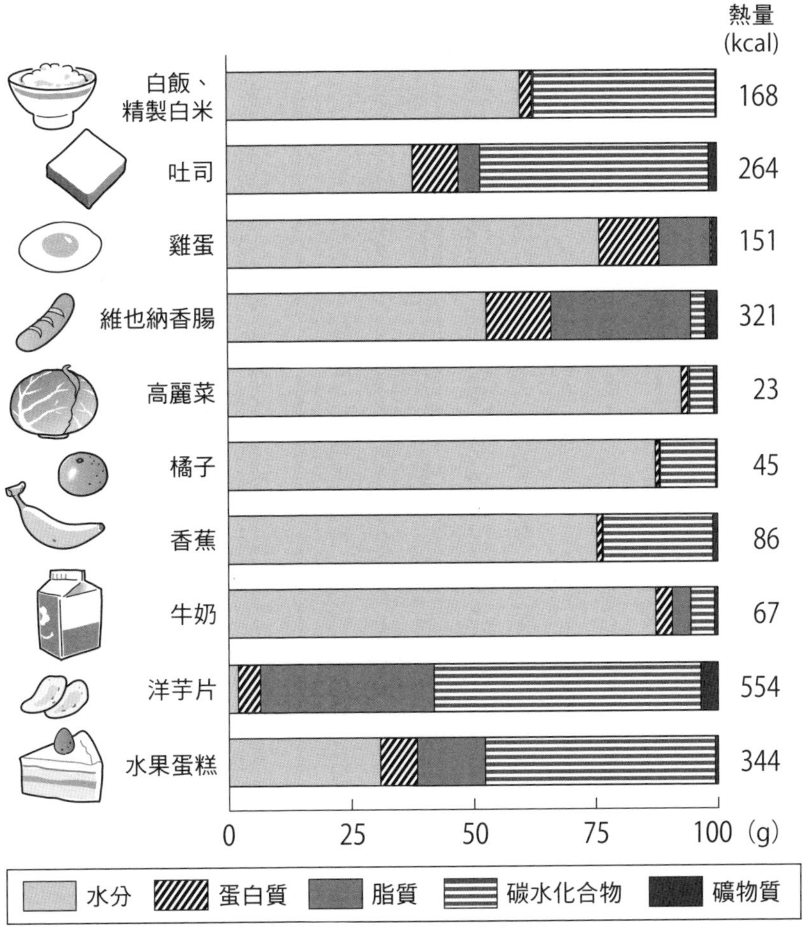

圖3-7 每100g食品中的營養成分。摘錄自岡村浩嗣編著《從小市民到運動員的運動營養學》一書。

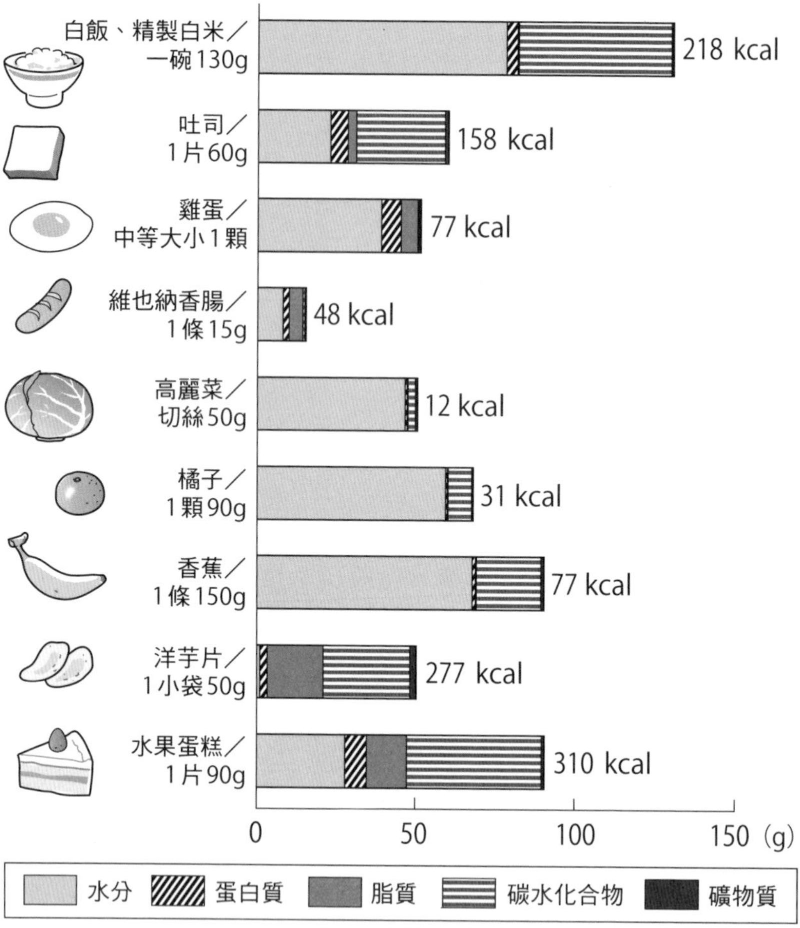

圖3-8　每一次標準食用量之各食品成分。摘錄自2011年岡村浩嗣編著《從小市民到運動員的運動營養學》一書。

食品名	每100g			每1個（條、塊）	
	熱量	水分	脂質	重量	熱量
橘子	45	87.4	0.1	90	31
蘋果	54	84.9	0.1	250	115
香蕉	86	75.4	0.2	150	77
水果蛋糕	344	31.0	14.0	90	310
巧克力	557	0.5	34.0	3	17

表3−6　食品的熱量密度。水果和點心即使重量相同，熱量卻不一樣。摘錄自《食品成分第五次修訂精選版*》一書。

＊ 暫譯，原文書名為《ダイジェスト版五訂食品成分表》。

重量所含的熱量，即稱為「熱量密度」。相較於熱量密度低的食品，當肚子裡塞滿熱量單位密度高的食品時，攝取到的熱量會比較多。

天然食物的水分大部分都比較多，由圖3−7亦可了解，蔬菜、水果的水分較高，就連肉類、魚類方面，除了肥肉以外，仍有約七五％的水分。一旦將這些食物加以乾燥，體積就會縮小，道理就在這裡。無論是遠古時代亦或今天，人類胃部大小都沒有改變，和遠古時代只吃天然食物的祖先比起來，現代人可以說身處容易發胖的飲食環境中。

第4章

熱量的基礎知識

熱量的單位

人們說：「慢跑三十分鐘消耗三百大卡熱量」「一片比薩的熱量有二四〇大卡」，一卡（calorie：cal）的熱量會使一克的水上升一度，因此一大卡使一公升水上升一度。

成年人每天消耗掉的熱量大約是二千大卡，因此能使二噸的水上升一度。

熱量的國際單位是焦耳（J），營養學上也不使用大卡作為單位，而改用焦耳。不過，對於一直以來我們熟悉或者易懂的事物，依然使用大卡作為單位。因此，本書也使用大卡，一大卡等於四．一八四千焦。

熱量消耗到哪裡去了？

圖4－1表示從事一般性身體活動時，一般體格的日本人一整天消耗掉的熱量內容。

消耗量最大的是基礎代謝，基礎代謝是生存必須熱量，可以想成一整天躺在床上時所消耗掉的熱量。

基礎代謝包含身體為了呼吸而使肺部周圍產生肌肉活動，為了進行血液循環而使心臟跳動

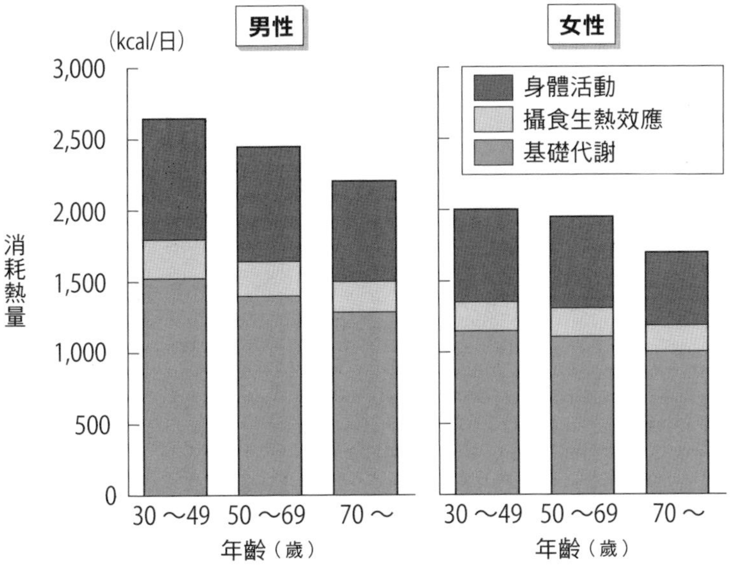

圖 4-1　一日熱量消耗內容

等。

更進一步來說，體內的成分不斷汰舊換新，我們稱為新陳代謝。為了製造新的成分，也就是合成身體蛋白質，會占用基礎代謝二五%左右的熱量。隨著年齡增長，新陳代謝的速度逐漸減緩，因此年紀大了以後，基礎代謝就會下降。

基礎代謝還包括維持體溫而消耗掉的熱量。人體的水分約占體重的六十%，水溫保持在三七度左右，與其稱之為「水」，不如說是「溫水」更為貼切。

如果體重六十公斤，體內水分便有三六公升。外界氣溫經常比體溫還要低，為了使體內水分維持在三七度，身體必須持續保溫。若體溫下降，我們生物便活不下去，因此即使在寒冷的冬天，我們還是要維持體溫，冬季維持體溫所需的熱量自然比夏季來得更多。

圖4－1的攝食生熱效應，意指人體攝取食物後經過消化、吸收、或者合成身體成分，種種過程導致新陳代謝提高，大約占一天熱量消耗的十％。

每一種營養素的攝食生熱效應都不一樣，蛋白質約為攝取量的二十％，碳水化合物為攝取量的五～十％，脂質為五％。這個數字意味著，假設我們攝取五百大卡的蛋白質，其中的二十％會變成熱能逸散出去，也就是一百大卡。生物無論是生存、活動、還是構成身體，都用不到變成熱能的熱量，因此這些熱量形同「浪費」。

由於脂質的攝食生熱效應只有五％以下，和蛋白質的二十％比起來，「浪費」掉的熱量很少。人們之所以認為在飲食中攝取較高蛋白質者不易發胖，其理論基礎便來自於蛋白質的攝食生熱效應比較高（較多浪費）。

常活動的人與不活動的人藉由身體活動所消耗掉的熱量本就有差別，就算是同一個人，常活動與不活動的消耗能量也不一樣。表4－1是活動日與非活動日所消耗掉的熱量實例。活動日消耗二一一三大卡，相較之下，非活動日則消耗一三八六大卡，一天相差七二七大卡。

後面我們會談到，沒有被消耗掉的熱量，會變成脂肪堆積在體內，如果在非活動日裡吃下和活動日相同分量的食物，長此以往便會增加體脂肪，使身體變胖。

時間	所需時間（分）	活動日 日常生活活動類型	代謝當量	消耗熱量 (kcal)	非活動日 日常生活活動類型	代謝當量	消耗熱量 (kcal)
7:00		起床			起床		
7:00-7:30	30	整理儀容	2.0	51	整理儀容	2.0	51
7:30-8:00	30	早餐	1.5	38	早餐	1.5	38
8:00-8:15	15	走路到公車站	4.0	51	放鬆地坐著	1.0	13
8:15-9:00	45	搭公車上班	1.0	38	放鬆地坐著	1.0	38
9:00-12:00	180	辦公作業	1.8	275	放鬆地坐著	1.0	153
12:00-12:20	20	午餐	1.5	25	午餐	1.5	25
12:20-13:00	40	靜坐休息	1.0	34	放鬆地坐著	1.0	34
13:00-17:00	240	辦公作業	1.8	367	放鬆地坐著	1.0	204
17:00-18:00	60	有氧運動	6.5	331	放鬆地坐著	1.0	51
18:00-18:45	45	搭公車回家	1.0	38	放鬆地坐著	1.0	38
18:45-19:00	15	從公車站走回家	4.0	51	放鬆地坐著	1.0	13
19:00-19:15	15	整理儀容	2.0	25	放鬆地坐著	1.0	13
19:15-19:30	15	入浴	1.5	19	入浴	1.5	19
19:30-20:00	30	晚餐	1.5	38	晚餐	1.5	38
20:00-23:00	180	放鬆地坐著	1.0	153	放鬆地坐著	1.0	153
23:00-7:00	480	睡覺	0.9	367	睡覺	0.9	367
合計	1,440			1,901			1,247
一日消耗熱量		考慮到攝食生熱效應，用0.9除總熱量。		2,113	考慮到攝食生熱效應，用0.9除總熱量。		1,386

（1）體重（kg）	53.6
（2）休息代謝率（kcal/kg 體重 / 日）	22.8
（3）每一分鐘的休息代謝率（kcal/min）	0.85

表 4-1 「活動日」與「非活動日」所消耗的熱量（女性50～69歲）

能量來源

人體主要的能量來源是碳水化合物與脂肪。一克的碳水化合物可生產四大卡熱量，一克脂肪生產九大卡熱量，蛋白質也可以當作能量來源，每一克蛋白質生產四大卡熱量。如圖4－2所示，三大營養素——碳水化合物、脂肪、蛋白質，皆在體內代謝產生能量，但過程中卻因檸檬酸循環而合流在一起。

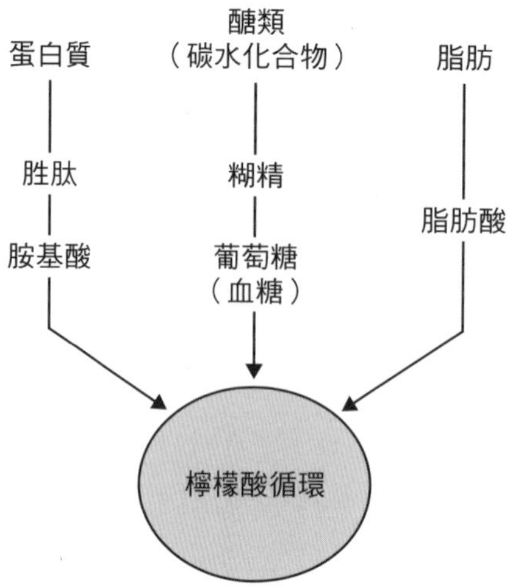

圖4−2　三大營養素產生熱量的路徑

由三大營養素供給的熱量具有以下意義。因為碳水化合物幾乎是腦部唯一的能量來源，所以是身體最優先使用的能量。但是碳水化合物在體內的貯存量卻很少，一旦因減肥而飢餓，體內的碳水化合物便不足。此時，用來製造肌肉和內臟的蛋白質，就成了在體內合成優先順位較高的碳水化合物材料，因此，**飢餓不但會減少體脂肪，還會減少肌肉量**。三大營養素就這樣互補以供給熱量（圖4－3）。

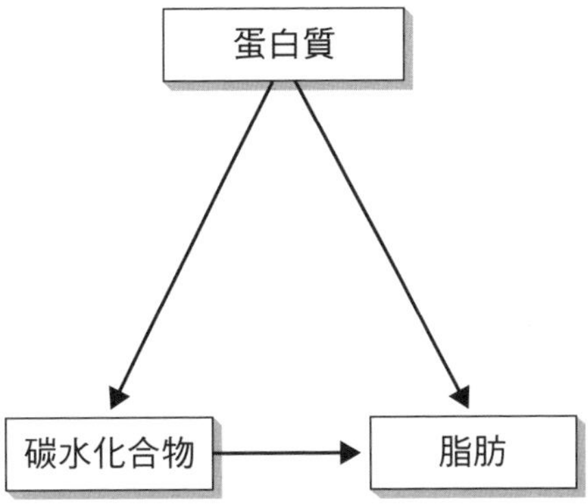

圖4－3　三大營養素的相互轉換

然而，仔細看圖4－3，會看到圖上都是單向箭頭，也就是說，三大營養素彼此間並非全然互補，碳水化合物可以由蛋白質形成，但無論是碳水化合物還是脂肪，都無法形成蛋白質。蛋白質和碳水化合物能轉換為脂肪，可是脂肪卻無法轉變成碳水化合物和蛋白質。這就是脂肪容易增加、不易減少的理由之一。

多餘的熱量將轉變成脂肪累積在體內

人們常說，整天閒晃不運動，體重就會增加。那麼，體重會以多快的速度增加呢？

從圖4－3的三大營養素相互轉換關係圖可知，沒有消耗掉的多餘熱量會變成脂肪，而這些脂肪以體脂肪的形式累積在體內，因為脂肪不會轉變為蛋白質或碳水化合物，所以若要減少已累積在體內的脂肪，除了把脂肪當成熱量來源消耗掉以外，別無他法。

讓我們再看一次表4－1。活動日與非活動日所消耗掉的熱量，差距達七二七大卡之多。

如果長期過著不運動的日子，飲食的分量卻如同活動日一樣，那十天便會多出七二七〇大卡的熱量。一克脂肪擁有九大卡熱量，七二七〇大卡的熱量若轉換為脂肪，大約是八百克。後面我們會提到，體脂肪是脂肪細胞的集合，體積的八十％都是脂肪，剩下的部分是水或蛋白質，所以每一公斤體脂肪約七千大卡。累積八百克的脂肪，表示累積一公斤的體脂肪。

換句話說，若依據表4－1的例子，飲食生活不變，卻持續過著不活動的日子，相較於活動較高的時候來說，單純計算下來，十天就增加一公斤的體重了。如果不運動卻增加食量，體重增加的速度便更快。過年在家裡閒晃，體重很快就會增加，道理就在於此。

熱量攝取

有些市售的便當或點心中會標示熱量，就算沒有標示，我們也能計算食物、飲料的熱量。

表4－2是市售「洋風幕之內便當[2]」的營養計算實例。

計算營養含量有三步驟：①測量食品重量，②調查該食品每一百克有多少營養價值，③將

2 「幕之內便當」起源於日本江戶時代，是給看戲的觀眾或演員們於中場休息時（台上拉幕）吃的便當，便當裡有白飯和數道菜。

營養價值換算回食品重量。每一百克的食品營養價值除了可以從市售「食品成分表」得知，也能在網路上查詢。

表4–2的便當中，白飯有一九三克，每一百克白飯的熱量為一六八大卡，因此這個便當的白飯熱量為三二四大卡。用這種方式求得所有食品的熱量，再加總合計，就能算出這個便當的熱量。蛋白質或脂質等其他營養成分，也能用相同方式得出熱量。以這個便當為例，我們計算出來的熱量是八五五大卡，但便當上的標示卻是九六三大卡。

數據上的落差來自以下理由。首先，由於便當料理是大量製作後再分裝成小等分，而便當上的營養標示，是用食物原本的總量除以便當的數量，因此與實際情形多少有出入。因為這個理由，使熱量及三大營養素的標示與實際情況出現正負十%的誤差。再來，油炸對熱量的影響很大，我們的計算方式，是以油炸時麵衣吸收油脂的標準比例來推算，因此跟實際情況比起來，熱量多少有所增減。此外，料理使用的砂糖等調味料所產生的熱量，早在使用材料當下就必須計算。而計算這個便當時，我們無法從完成的料理得知調味料的用量，因此可能產生誤差。

不過，就像第1章「五大類食品」一節所述，若主食、主菜、副菜以三比一比二的比例裝填便當，那麼便當的容量（毫升）約等同於熱量（大卡）。填滿大人的胃需要一・五～一・八

每100g可食部分				便當中每一份食品			
熱量 (kcal)	蛋白質 (g)	脂質 (g)	碳水化合物 (g)	熱量 (kcal)	蛋白質 (g)	脂質 (g)	碳水化合物 (g)
168	2.5	0.3	37.1	324	4.8	0.6	71.6
223	13.3	13.4	12.3	152	9.0	9.1	8.4
159	4.7	6.3	20.9	41	1.2	1.6	5.4
149	5.2	0.9	28.4	30	1.0	0.2	5.7
321	13.2	28.5	3.0	39	1.6	3.4	0.4
151	10.8	9.0	6.4	32	2.3	1.9	1.3
82	18.4	0.3	0.3	4	0.9	0.0	0.0
317	12.4	6.7	50.4	29	1.1	0.6	4.5
921	0.0	100.0	0.0	46	0.0	5.0	0.0
84	6.0	1.0	33.9	6	0.4	0.1	2.4
149	5.2	0.9	28.4	10	0.4	0.1	2.0
138	22.0	4.8	0.0	11	1.8	0.4	0.0
317	12.4	6.7	50.4	22	0.9	0.5	3.5
921	0.0	100.0	0.0	37	0.0	4.0	0.0
119	1.7	0.0	27.4	0	0.0	0.0	0.0
599	20.3	54.2	18.5	6	0.2	0.5	0.2
44	3.7	0.7	8.2	0	0.0	0.0	0.0
703	1.5	75.3	4.5	63	0.1	6.8	0.4
37	1.0	0.1	8.8	3	0.1	0.0	0.7
				855	25.8	34.8	106.5
				963	28.8	42.7	116.1

食品		
料理	食品名	重量(g)
白飯	稻米、精製白米	193
漢堡	漢堡	68
可樂餅	可樂餅	26
義大利麵	煮通心粉	20
維也納香腸	維也納香腸	12
歐姆蛋	歐姆蛋	21
炸蝦	整體	19
	蝦子	5
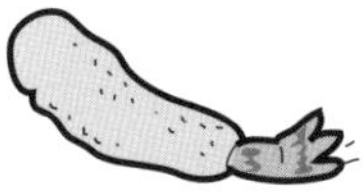	麵衣	9
	油	5
昆布	昆布	7
醬拌斜管麵	煮通心粉	7
炸雞排	整體	19
	雞肉、去皮	8
	麵衣	7
	油	4
	番茄醬	0
	芝麻	1
	香芹	0
	美乃滋	9
	洋蔥	8
合計		
便當上的標示		

表 4–2　營養計算實例

公升，所以如果每餐都吃飽飽、喝飲料，就會吃太多。

過去以熱量密度較低的食物為主食時，就算吃飽飽，也很難飲食過量，而現代人的胃，大小跟當時差不多。即使到了現代，像牛、馬這類草食性動物依然吃熱量密度較低的草，所以需要大量進食，牠們醒著的時間都在吃草。

熱量消耗的算法

接下來，我們想一想該如何計算消耗掉多少熱量的方法。算法有好幾種，這裡介紹的是具代表性的算法。

（1）階乘函數法

如表4－1般記錄一天的生活活動，將每一項生活活動所消耗的熱量加總在一起，這種方法便稱為「階乘函數法」，我們可以用這種方法計算身體消耗掉的熱量。

階乘函數法的計算步驟如下：

①求出身體的休息代謝率。
②記錄當天的生活活動。
③調查各項生活活動之代謝當量（身體活動強度的指標）。
④計算各項生活活動所消耗的熱量。
⑤總計一天消耗的熱量，以〇．九除總量。

計算的具體步驟如表4－3所示。

查詢表4－4符合自己的年齡、性別之「基礎代謝基準值」，以基礎代謝基準值×體重（公斤）×1.1求得①的休息代謝率。如果想要減重，就別管自己現在的體重，而是用目標體重來計算。用現在的體重計算，就會求得維持現在體重的熱量，若我們攝取計算出來的熱量，體重不會減輕。

③各項生活活動之「代謝當量」是一種指標，告訴我們生活活動需要的熱量比休息代謝率多幾倍，數值愈高，活動強度愈大。表4－5為具代表性的代謝當量數值，這張表上沒有記載的活動，可以在日本國立健康營養研究所[3]的首頁查到其代謝當量。

3 国立健康・研究所〈http://www0.nih.go.jp/eiken/〉

表4－3為計算實例，表示跳一小時的有氧運動消耗掉的熱量。

根據表4－4，三十七歲女性的基礎代謝基準值為二一．七大卡／體重公斤／日。此人體重五十三公斤，所以休息代謝率為：

21.7（kcal／kg／日）×53.0（kg）×1.1＝1265（kcal／日）

為計算每一種日常生活活動所消耗的熱量，必須求得每一分鐘的休息代謝率。一天有一四四〇分鐘，故每一分鐘的休息代謝率為：

1265（kcal／日）÷1440（分／日）＝0.878（kcal／分）

接著，根據表4－5，有氧運動的代謝當量為六．五，因此跳有氧運動六十分鐘所消耗掉的熱量為：

0.878（kcal／分）×60（分）×6.5＝342kcal

用這種方式計算每種生活活動所消耗的熱量，再總計一整天的熱量後除以〇．九。之所以用〇．九下去除，是因為使用代謝當量得出的結果，不包含一日熱量中十％的攝食生熱效應。

計算熱量消耗（假設為37歲女性，體重53.0kg）

（1）基礎代謝基準值（參考表4-4）
21.7（kcal/kg體重/日）

（2）休息代謝率
21.7（kcal/kg體重/日）×53.0（kg）×1.1＝1265（kcal/日）

（3）每一分鐘的休息代謝率
1265（kcal/日）÷1440（分/日）＝0.878（kcal/分）

（4）各項活動需要的熱量（kcal）
＝每1分鐘的休息代謝率（kcal/日）×需要時間（分）×代謝當量
例：17:00～18:00跳有氧運動所消耗掉的熱量為
0.878（kcal/分）×60（分）×6.5＝342（kcal）

時間	需要時間（分）	日常生活活動類型	供給來源	消耗熱量（kcal）
9:00-12:00	180	辦公作業	1.8	284
12:00-12:20	20	吃飯	1.5	26
12:20-13:00	40	靜坐	1.0	35
13:00-17:00	240	辦公作業	1.8	379
17:00-18:00	60	有氧運動	6.5	342

表4-3　計算熱量消耗的步驟

性別	男性			女性		
年齡（歲）	基礎代謝基準值 (kcal/體重kg/日)	標準體重 (kg)	基礎代謝量 (kcal/日)	基礎代謝基準值 (kcal/體重kg/日)	標準體重 (kg)	基礎代謝量 (kcal/日)
1～2	61.0	11.7	710	59.7	11.0	660
3～5	54.8	16.2	890	52.2	16.2	850
6～7	44.3	22.0	980	41.9	22.0	920
8～9	40.8	27.5	1,120	38.3	27.2	1,040
10～11	37.4	35.5	1,330	34.8	34.5	1,200
12～14	31.0	48.0	1,490	29.6	46.0	1,360
15～17	27.0	58.4	1,580	25.3	50.6	1,280
18～29	24.0	63.0	1,510	22.1	50.6	1,120
30～49	22.3	68.5	1,530	21.7	53.0	1,150
50～69	21.5	65.0	1,400	20.7	53.6	1,110
70以上	21.5	59.7	1,280	20.7	49.0	1,010

表4-4　基礎代謝量。〈日本人的飲食攝取基準〉2010年版。

還有，這個算法以二十四小時計算，因此總共時間是一四四〇分鐘。

（2）測量耗氧量

我們可藉由測量耗氧量求出身體消耗掉的熱量，而測量耗氧量需要專門的儀器。呼吸攝入的氧氣，在體內的碳水化合物和脂肪生產熱量的代謝過程中被使用掉。代謝過程中，每一公升的氧氣平均產生四・八大卡的熱量。生物就是這樣消耗身體產生的熱量，因此，若活動消耗掉一公升氧氣，等於消耗掉四・八大卡的熱量。碳水化合物與脂肪經過分解後，便形成二氧化碳與水，二氧化碳經由呼氣排出體外。

測量消耗多少熱量時，耗氧量與二氧化碳排放量都會一起被測量出來。碳水化合物與脂肪作為熱量來源時，碳水化合物與脂肪的比例會使每一份耗氧量的二氧化碳排放量有所變化，藉此我們可得知脂肪與碳水化合物的消耗量。耗氧量與二氧化碳排放量的比，我們稱為呼吸交換比或呼吸熵（Respiratory Quotient：RQ）。

表4－6的「$C_6H_{12}O_6$」是葡萄糖（血糖），在體內被當成熱量來源使用。這個化學式表示一分子葡萄糖與六分子氧氣互相反應，產生熱量，結果在體內形成六分子的水（H_2O）與六分子二氧化碳（CO_2）。此時的呼吸交換比為：

	活動內容	運動當量
高強度運動	體操	4.0
	投擲運動	4.0
	打桌球	4.0
	打排球	4.0
	打高爾夫球	4.5
	練習高爾夫球	3.0
	水中有氧、水中體操、水中步行	4.0
	打羽毛球（娛樂性質）	4.5
	跳舞（芭蕾舞、現代舞、雙人舞、爵士舞）	4.8
	兒童遊戲（跳格子、躲避球、使用遊樂器材等）	5.0
	棒球、壘球	5.0
	投手	6.0
	籃球	6.0
	有氧運動	6.5
	踩健身車	7.0
	花式溜冰	7.0
	滑雪	7.0
	越野滑雪	8.0
	登山	7.0
	划船、泛舟	7.0
	網球	7.0
	羽毛球	7.0
	足球	7.0
	橄欖球	10.0
	柔道、空手道	10.0
	手球	12.0
	單車競賽	12.0
	游泳（仰式）	7.0
	游泳（蛙式）	10.0
	游泳（蝶式）	11.0
	游泳（自由式，慢慢游，46m/分）	8.0
	游泳（自由式，快速游，69m/分）	11.0
	慢跑（普通速度）	7.0
	跑步（9.7公里/時，162m/分）	10.0
	跑步（12.1公里/時，202m/分）	12.5
	跳繩（稍快）	10.0
	伏地挺身、仰臥起坐等	8.0
	肌力訓練（輕、中等強度）	3.0
	（高強度）	6.0

	活動內容	運動當量
靜態	睡眠	0.9
	橫躺，靜坐，看電視，音樂欣賞，電影欣賞，看書，寫字	1.0
	安靜地站著	1.2
	講話或打電話（坐姿）	1.5
	講話或打電話（站姿）	1.8
	吃東西	1.5
	入浴（坐姿）	1.5
	沖澡（站姿）	2.0
	整理儀容（洗臉、刷牙、洗手、刮鬍子、化妝、換衣服）	2.0
中、低強度生活活動	讀書、上課	1.8
	辦公作業、打字	1.8
	坐著工作（簡單的辦公室作業、開會等）	1.5
	站著工作（店員的各項業務、影印等）	2.3
	裁縫	1.5
	興趣、娛樂（玩電動、手工藝）	1.5
	演奏鋼琴、手風琴	2.5
	料理	2.0
	晾衣服、整理衣物	2.0
	洗碗	2.3
	購物	2.3
	簡單地打掃（撿垃圾、整理室內等）	2.5
	清理大型家具（洗車、窗戶、車庫等）	3.0
	擦地板	3.3
	使用吸塵器	3.5
	地板打蠟、掃廁所	3.8
	拔草、整理庭院	4.5
	搭電車、巴士或車子	1.0
	開車	2.0
	騎重機、摩托車	2.5
	走路上班、上學	4.0
	騎自行車	4.0
中強度運動	散步（不到53m/分）	2.0
	做伸展操或瑜伽	2.5
	投球、接球運動	2.5
	保齡球	3.0
	排球（9人制，娛樂性質）	3.0
	上下樓梯	3.5
	快走（達運動標準，93m/分）	3.8

表4-5　身體活動的代謝當量（METs,Metabolic Equivalents）

碳水化合物100%供給為熱量

$$C_6H_{12}O_6 + 6\ O_2 \rightarrow 6\ H_2O + 6\ CO_2$$

$$RQ = 6\ CO_2 / 6\ O_2 = 1.0$$

脂肪100%供給為熱量

$$2\ C_{51}H_{98}O_6 + 145\ O_2 \rightarrow 102\ CO_2 + 98\ H_2O$$

$$RQ = 102\ CO_2 / 145\ O_2 \fallingdotseq 0.7$$

表4－6　呼吸交換比

$$6\ CO_2 \,/\, 6\ O_2 = 1.0$$

當呼吸交換比為一・〇時，所有熱量皆由碳水化合物產生。

另一方面，表4－6的「$2C_{51}H_{98}O_6$」是棕櫚酸，為體內用來生產熱量的脂肪之主要成分。若我們與葡萄糖一樣計算其呼吸交換比，就是：

$$102\ CO_2 \,/\, 145\ O_2 \fallingdotseq 0.7$$

當一切熱量均由脂肪提供時，呼吸交換比大約是〇・七。

用來當作熱量來源的碳水化合物與脂肪的比例，會因運動的強度與持續時間而產生變化，因此呼吸交換比介於〇・七～一・〇之間。我們可以用這種方式測量運動消耗掉多少脂肪。

體重	40kg	60kg	80kg
慢跑	147	221	294
有氧運動	147	221	294
棒球	105	158	210
足球	147	221	294
游泳（自由式慢游）	168	252	336

表4-7　每種運動進行30分鐘後所消耗掉的熱量

運動消耗掉的熱量

另外，我們也能由表4-5的代謝當量、體重以及運動時間求得運動消耗掉的熱量。比方說體重五十五公斤的人跳代謝當量六．五的有氧運動三十分鐘，便能用以下方法計算消耗掉的能量：

1.05×55（kg）×6.5（代謝當量）×0.5（小時）＝188 kcal

從這個算式中可以知道，若要計算運動所消耗的熱量，體重是重要因素。即使是相同的運動，體重較重的人比較輕的人消耗掉更多熱量。道理就像車體較重的汽車比較輕的汽車消耗更多燃料。

表4-7表示在幾種運動中，體重四十公斤、六十公斤、八十公斤的人進行三十分鐘後所消耗掉的熱量。

第5章

身體組成與體重管理

體重、脂肪組織、淨體組織

會上健身房運動的人，應該都在意自己的體重和身體組成吧！

體重又分為脂肪組織和淨體組織的重量，而脂肪組織與淨體組織的比例便是身體組成。假設某人體重六十公斤，體脂肪率二十％，那麼脂肪組織的重量就是十二公斤，淨體組織的重量則是四十八公斤。

脂肪組織是許多脂肪細胞的集合，其容積的八十％都堆滿了脂肪。而淨體組織則為肌肉、內臟等其他組織的總稱，這些組織的細胞中，有七五％是水，剩下的幾乎都是蛋白質。一克脂肪產生九大卡熱量，一克蛋白質產生四大卡熱量，因此一公斤的脂肪組織大約是七六〇〇大卡的熱量所形成，淨體組織大約只有一〇五〇大卡，兩者差距很大。

身體組成的測定方法

（1）生物電阻法

最近的健身房大多都設置了測量身體組成的器材，家用體重計也增加了幾款附有測量身體組成的功能，這些器材中用來測量身體組成的方法便是生物電阻法。

所謂電阻意指電流通過的阻礙能力，生物電阻法就是測量有多少電氣流過身體的方法。要讓電氣流通，我們得赤腳站在測量儀器上，由於儀器上的電氣非常微弱，因此人體不會有任何感覺。純水無法通電，但體內的水分含有鈉和氯離子等電解質，所以電流可以流通。脂肪組織的水分含量很少，難以通電，但淨體組織中卻有許多水分，因此容易通電（圖5－1）。由此可知，只要體脂肪較多，電氣便難以流通（電阻高）；若體脂肪較少，則容易流通（電阻低）。我們便從電阻數值與身體組成之間的關係，計算出體脂肪率與體脂肪含量。

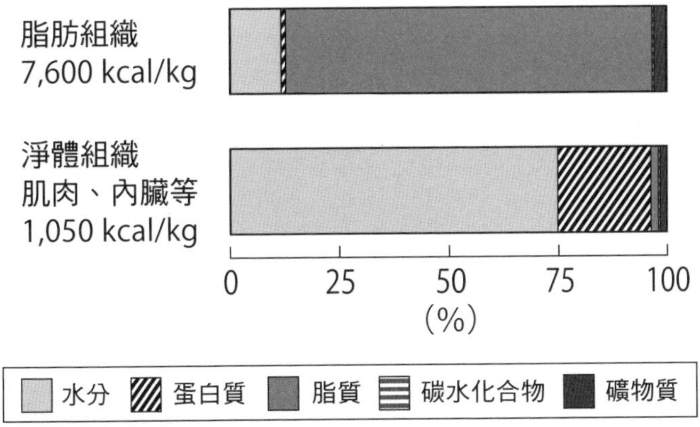

圖5－1 脂肪組織與淨體組織的組成及熱量含量。由Tai S等學者於2009年繪製。

（2）水中秤重法與空氣置換法

人體的脂肪多則比重較輕，脂肪少則比重較重，脂肪組織的比重為○・九克／cm^3，淨體組織的比重是一・一克／cm^3。利用這種特質測量體重的方法，包括水中秤重法和空氣置換法。

水中秤重法要從頭到腳完全浸泡在水裡，藉由身體在水中的體重和水位上升來測量身體的體積，求得比重，然後由比重計算出脂肪組織與淨體組織的比例。使用這個方法有幾個條件：①需要專門的設備，②必須連頭都沒入水裡，③在水中測量體重時，必須考慮到肺部中的空氣所產生的誤差，因此無法簡單測量到結果。不過，水中秤重法是身體組成的標準測量方式，前面的生物電阻法，便是以這個方法所測量到的數值作為基準而完成的。

空氣置換法與水中秤重法具有相同的原理，此測量法利用空氣取代水的角色，因此我們能輕鬆地操作。空氣置換法的儀器名為Bod-Pod，早已為人熟知。

（3）皮脂厚測量法

皮脂厚測量法是透過皮下脂肪的厚度來測量體脂肪率，以專用皮脂夾將基準部位的皮下脂肪夾起，測量厚度，再進行換算，求出體脂肪率。

皮脂厚測量法的基準部位為肱三頭肌、肩胛骨下部、肚臍旁三處，一般常見測量肱三頭肌和肩胛骨下部，目前從這些部位的測定值求得體脂肪率的算式已被開發利用。只要是熟練這個方法的人，就能測出值得信任的數值。若測量對象為運動員，也有同時測量六～七個部位的方法。

（4）其他方法

雙能X光吸收法是用兩種波長的X光掃描全身，藉由透光率的差別測量身體組成的方法，又稱為「DEXA」法。還有一種方法是用核磁共振照影（MRI）取代X光，測量脂肪組織與淨體組織，評估身體組成的內容。

這些方法都要用到大規模裝置，並不是常見的測量方式。

身體質量指數（BMI）

我們經常利用身體質量指數（Body Mass Index：BMI）作為身體胖瘦的指標。體重（公斤）除以身高的平方（m^2）等於BMI指數，日本人的標準值介於一八・五～二五之間，超過二五就是肥胖，不到一八・五則為過瘦。

BMI指數比身高更能呈現出身材的輕重，但無法讓人了解身體組成。運動員的肌肉較多，體重會比身高看起來的還要重，BMI指數較高，不過，他們的體脂肪並不多，所以稱不上過胖。

減重與身體組成

有些人在減重時會說：「我只想減掉脂肪，不要消除肌肉」，我們來思考看看這是否可行。首先，我們必須了解減重時身體組成會有什麼變化。

圖5－2表示減重前的體脂肪數量和減重時淨體組織減少量之間的關係。由圖可知，減重前體脂肪愈多，減重時便愈難減少包含肌

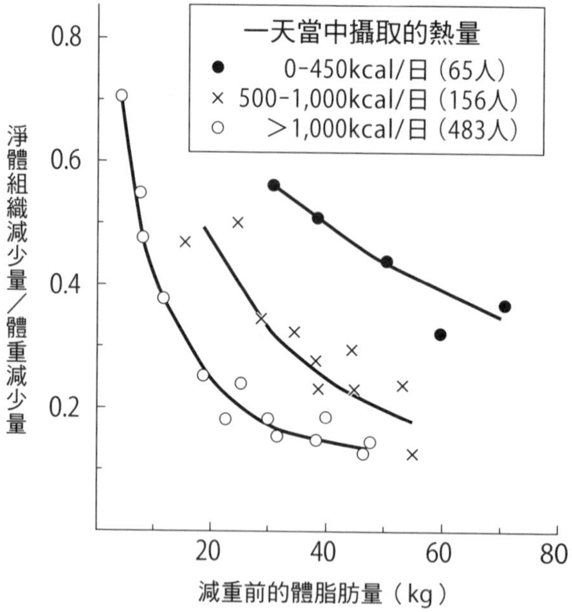

圖5-2　減重前體脂肪含量較多者，淨體組織占減輕體重之比例較低。Forbes 2000。

肉在內的淨體組織；一旦減重者本身的體脂肪含量少，就很容易減少淨體組織。比方說，若每天攝取一千大卡以上的熱量，減重前體脂肪為三十公斤的人，其減少的體重有十五％為淨體組織；但減重前體脂肪為十公斤的人，其減少的體重有五十％都是淨體組織。寫得更明白一點，**肥胖的人減重時很難減掉肌肉，而肌肉型的人減重時卻容易減少肌肉量**。

此外，我們還知道，減重時一旦過度限制熱量攝取，就會減少淨體組織。假設減重前的體脂肪是三十公斤，一天攝取一千大卡以上的熱量，那麼淨體組織的減少程度為減輕體重的十五％；相對之下，若一天只攝取四五〇大卡以下的熱量，體內減少的淨體組織則占減輕體重的六十％。我們把這部分也寫得更明白一些：**一旦我們進行極端節食的瘦身行為，肌肉會比脂肪更容易被減掉**。

不過，淨體組織並非僅有肌肉，表5－1表示身體組成在減重前後的變化。淨體組織中因身體減重而減輕的重量，比例最高者為腎臟（六．四％），其次依序為心臟（五．三％）、肝臟（四．四％）、肌肉（三．一％），可以說代謝活性愈高的組織愈容易因減重而減少含量。唯有腦部的代謝活性雖高，卻不會在減重後萎縮。此外，如果看的是絕對數量而非比例，肌肉的減少量則占壓倒性的多數。

對於我們一開始的問題，這裡的答案是：「**若要減少脂肪而非肌肉量，重點在於別過分減**

少食量」。要想不減少食量地達到減重目的，便只能增加熱量的消耗，也就是加強運動。

藉由減重行為所減少的體重有個體差異。表5－2將減重的人區分成兩類，淨體組織減少量比較少的人為「適合減重者」，淨體組織減少量比較多的人為「不適合減重者」。由表5－2可知，「適合減重者」所減少的體重較少，休息代謝率下降較多。甲狀腺荷爾蒙是人體內掌管基礎代謝和休息代謝的激素，休息代謝率下降較多的「適合減重者」，其甲狀腺荷爾蒙濃度也下降較多。

透過這些現象，表示當我們減少熱量攝取時，代謝愈低的人愈難減輕體重，而

	減重前	**減重後**	**變化率** (%)
體重(kg)	102.2 ± 16.8	92.8 ± 16.3*	
脂肪組織(kg)	45.8 ± 12.1	37.8 ± 11.9*	
淨體組織(kg)	56.7 ± 7.7	55.1 ± 9.9*	−2.8
骨頭(kg)	4.45 ± 0.52	4.51 ± 0.56*	1.3
肌肉(g)	29038 ± 5073	28115 ± 4270*	−3.1
腦(g)	1469 ± 90	1475 ± 90	0.4
肝臟(g)	1768 ± 337	1690 ± 293*	−4.4
腎臟(g)	376 ± 63	352 ± 58*	−6.4
心臟(g)	232 ± 47	220 ± 46*	−5.3
其他(kg)	14.5 ± 4.3	14.8 ± 3.4	2.1
休息代謝率(MJ/日)	7.37 ± 0.96	6.80 ± 0.81*	
甲狀腺荷爾蒙(pg/ml)	4.25 ± 0.48	3.96 ± 0.54*	

表5－1　減重前後的變化。＊記號與減重前有明顯差異。由Bosy-Westphal等學者於2009年製作。

且淨體組織也難以減少。

自然界的野生動物未必能獲得牠們需要的糧食，當糧食不足時，身體代謝下降就關係到是否能存活下來。由於肌肉是熱量消耗較大的組織，因此當熱量不足時，肌肉就會減少、萎縮至生存必須的最少量，這是很合理的反應。對生物來說，運動會讓肌肉肥大到不必要的程度，一旦停止運動，肌肉自然消減下去。

人類恐怕是地球歷史上首次在糧食過剩的情況下生存的生物吧！減重時身體代謝仍不下降的人，很容易就能瘦下來，因此他們可以適應糧食過剩的環境，就這層意義上來說，他們是更進化的人類，或許擁有這種觀念的時代即將到來。

	不適合減重者	適合減重者
體重(kg)	−10.6 ± 5.5	−8.3 ± 3.0*
淨體組織(kg)	−2.4 ± 3.1	−0.7 ± 3.0*
體脂肪率(kg)	−4.2 ± 2.8	−4.4 ± 2.3
肌肉(g)	−777 ± 1816	−106 ± 1535
腦(g)	3 ± 17	9 ± 19
肝臟(g)	−158 ± 171	−1 ± 189*
腎臟(g)	−35 ± 44	−12 ± 40*
心臟(g)	−14 ± 34	−9 ± 39
休息代謝率(MJ/日)	−0.20 ± 0.41	−0.92 ± 0.64*
甲狀腺荷爾蒙(pg/ml)	−0.24 ± 0.41	−0.46 ± 0.38*

表5−2　適合減重者與不適合減重者之變化比較。＊記號相較於不適合減重者有明顯差異。由Bosy−Westphal等學者於2009年製作。

為什麼會中年肥胖？

人到中年以後就容易發胖，一般認為，這是因為基礎代謝降低所致。如圖5－3所示，基礎代謝從四十歲左右開始便大幅降低。

表5－3是計算基礎代謝降低會讓人變得多容易發胖。

人一到了四十歲，基礎代謝基準值就比二十幾歲時降低七％。假設體重為六十公斤，二十幾歲時的基礎代謝量為一四四〇大卡／日，但四十幾歲時卻是一三三八大卡／日，一天少了一〇二大卡。若換算一整年的基礎代謝量，從二十幾歲的五二萬五六〇〇大卡降至四十幾歲的四八萬八三七〇大卡，減少了三萬七二三〇大卡。

四十幾歲時若還跟二十幾歲時吃得一樣，一年就多出三萬七二三〇大卡，多出來的熱量累

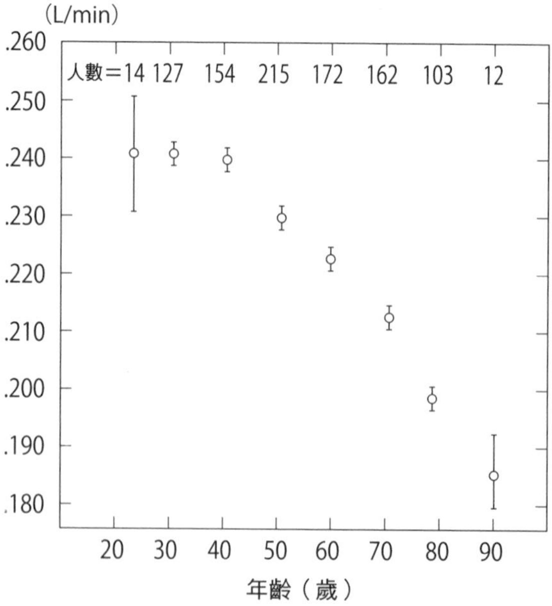

圖5−3 基礎代謝量因年齡增長而產生的變化。由Tzankoff等學者於1977年整理。

	20幾歲	40幾歲	變化
基礎代謝基準值 kcal/kg體重/日	24.0	22.3	−7%
基礎代謝量 kcal/日 kcal/年	 1,440 525,600	 1,338 488,370	 −102 −37,230
換算為脂肪組織量			*約5kg

＊ 脂肪組織＝約7000kcal/kg
→37230kcal÷7000kcal/kg＝約5kg

表5-3　基礎代謝的下降與體脂肪的累積

積成為脂肪。每七千大卡熱量就能形成一公斤脂肪組織，因此一年便增加五公斤左右。我們覺得人到中年就容易發胖，這並不是錯覺，而是事實。

中年以後基礎代謝降低的理由和肌肉減少有關。肌肉會隨著年齡增加而減少（圖5－4），而且肌肉在基礎代謝中所占的比重很高（圖5－5）。再者，肌肉以外的組織，其代謝量並不因為年紀增長而降低

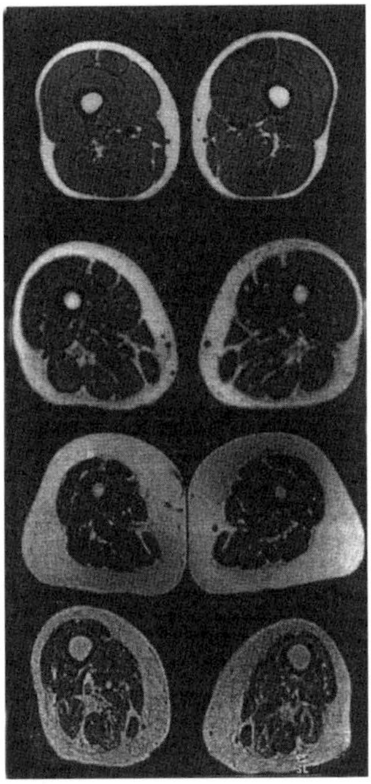

圖5-4　因年齡增加而使肌肉減少，脂肪增加（大腿剖面圖）。根據Parise G等學者於2000年的研究。

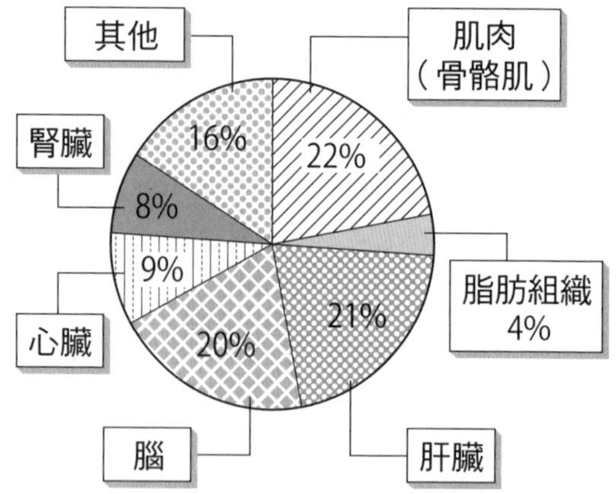

圖 5-5　體內各組織與臟器所消耗的熱量。根據健康運動指導士養成講習會教材完成製作。

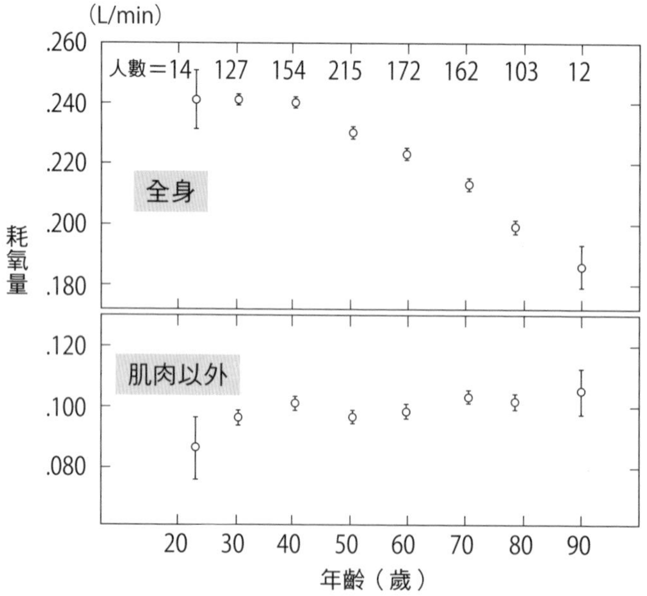

圖 5-6　年齡與代謝量。全身代謝量降低，但肌肉以外的代謝量卻沒有減少。根據 Tzankoff SP 等學者於 1977 年的製作。

（圖5－6）。歸納這些情況，**中年以後基礎代謝之所以下降，肌肉量減少占了很大的因素**。

上了年紀以後，並不是每個人的肌肉量都會減少，圖5－7是高齡者的大腿剖面圖，年紀大了還能獨立行走的人，其大腿肌肉較多；相較之下，乘坐輪椅的人則肌肉量較少。這表示年紀增長雖然會減少肌肉量，但只要在日常生活中多使用，肌肉就不容易減少。也就是說，在日常生活中使用肌肉，能預防肌肉隨年紀增長而減少的情況。這意味著預防肌肉量減少，能減輕基礎代謝下降的情況，亦有助於不發胖。尤其大腿肌肉是中年以後很容易減少的肌肉，可說是上健身房運動時應該確實鍛鍊的部位。

人類的肌肉包括紅色肌肉（紅肌）和白色肌肉（白肌），這與動物、魚肉之類一樣。紅肌經常以脂肪作為能量來源，雖然收縮速度沒有那麼快，但適合長時間出力，又稱為慢速收縮肌（Type II）。另一方面，白肌則經常以碳水化合物作為能量來源，適合在短時間內發揮大量力氣，又稱為快速收縮肌（Type I）。

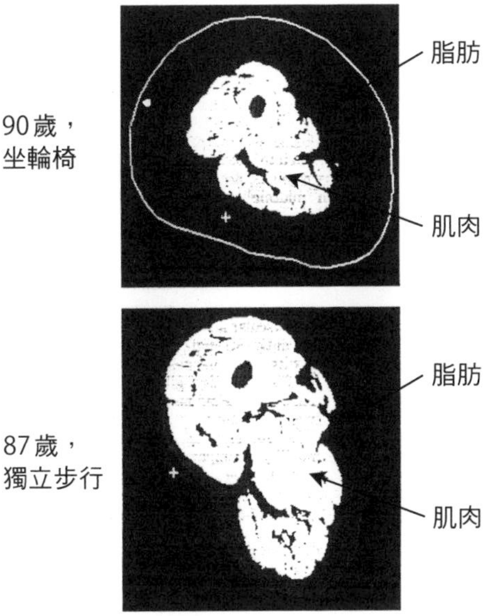

圖5－7　大腿處的剖面圖。根據Fiatarone M等學者於1990年的研究。

只要我們想一想魚類的情況，便容易理解這些肌肉的特性。能夠長距離持續游泳的鮪魚和鰹魚擁有紅肉；而平常靜靜待在水裡，然後用迅雷不及掩耳的速度咬住餌食的鰈魚和比目魚則有一身白肉。

圖5－8表示身上的白肌會隨年齡增長而增加比重，表5－4表格右欄顯示白肌比重與身

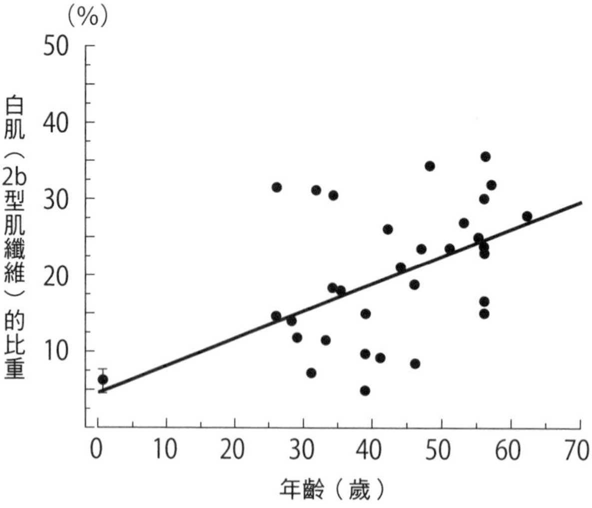

圖5−8　伴隨年齡增長，身上的白肌（2b型肌纖維）比重會增加。根據Kriketos AD等學者於1997年的研究。

	紅肌	中間型	白肌
年齡	0.063	−0.480*	0.480*
身體質量指數（BMI）	−0.112	−0.282	0.437*
腹圍	0.002	−0.523*	0.491*
腹圍／臀圍比	0.045	−0.573*	0.438*

表5−4　年齡、身體質量指數（BMI）、腹圍、腹圍／臀圍比以及肌纖維的相關係數。＊記號表示顯著相關。根據Kriketos AD等學者於1997年的研究。

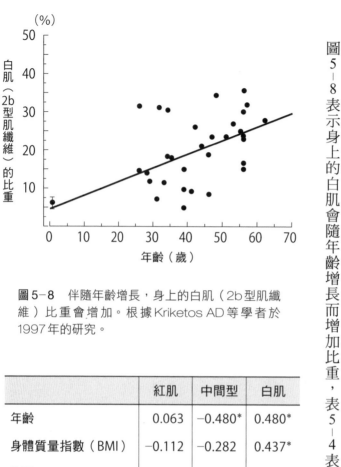

體質量指數（BMI）、腹圍、腹圍／臀圍比之間具有正關係，此亦表示白肌比重較高與肥胖之間可能有關聯。**中年以後為了不讓自己發胖，與其在短時間內進行高強度的運動來鍛鍊白肌，或許長時間進行低強度的運動會比較好**。

肥胖體質的基因

有些人是在基因上就容易肥胖。我們已發現幾個疑似與肥胖有關的基因，其中β3－腎上腺素受體的基因便為人熟知。現在也有些臨床檢驗公司會幫人家檢測「肥胖基因體質」。

運動時，腎上腺素分泌增加，促進血液濃度上升，提高心跳、血壓、血糖值，分解貯存在脂肪組織中的脂肪，為肌肉提供能量來源。

脂肪組織中的β3－腎上腺素受體受到腎上腺素的刺激，分解裡面的脂肪。因此，一旦β3－腎上腺素受體的基因發生變異，脂肪組織便很難接收腎上腺素的作用，難以分解貯存在裡面的脂肪，而讓人不易變瘦且容易發胖。有些研究報告指出，日本很多人在這個基因發生變異。

易胖難瘦的體質很能夠適應飢餓的環境，因此對生物而言，可說是利於生存的好事。然而，對於容易熱量過剩的現代先進國家的人來說，卻不是一件好事。生物體內具備了各種用來應付體內熱量不足的結構，但在進化的過程中，或許用來應付熱量過剩的結構其必要性不高，因此我們才不具備這種結構。

少量飲食容易胖

限制飲食是我們減重很重要的一環，但過度設限，卻可能讓人容易發胖。圖5－9是以長途跑步選手作為研究對象所得到的結果。「適量飲食」的人會攝取符合自己能量消耗的熱量（約四千大卡）；相較之下，「少量飲食」的人攝取的熱量卻低於自己所消耗的能量。在這樣的能量平衡下，「少量飲食」者的體重應該會減少，但他們卻仍維持原樣。

為什麼「少量飲食」不會使體重下降呢？理由如圖5－9右側所示——因為「少量飲食」的人，二十四小時消耗的能量以及睡覺時消耗掉的能量很少。也就是說，在訓練以外的時間，他們的身體代謝量處於低落的狀態，換言之，他們擁有一副「省能量型」的身體，「少量飲食」的人也會減少自發性活動。

有冬眠機制的動物在冬眠時其身體代謝降低，少量飲食的人身上也會發生相同的變化。

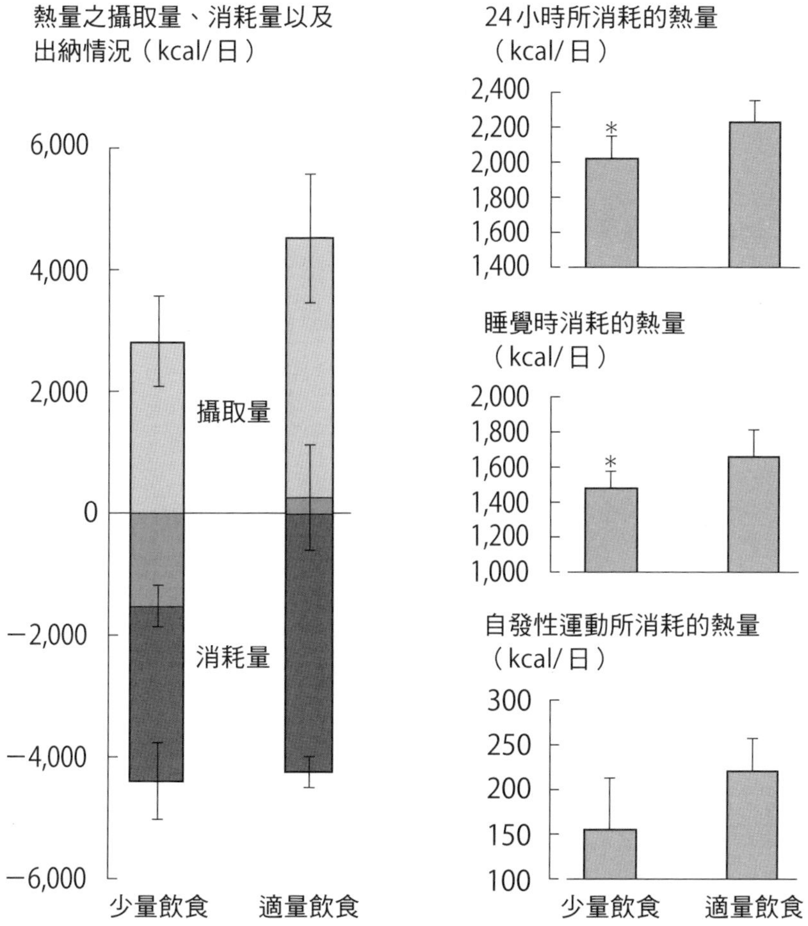

圖5-9　平常若吃得少，熱量消耗就會變少，形成「省能量型」的身體。
＊記號者與適量飲食有顯著差異。由Thompson JL等學者於1995年製作。

「省能量型的身體」聽起來很棒，但由於消耗的能量減少了，所以容易在體內累積攝取到的熱量，換句話說，這種人容易變胖。因此我們不建議極端的少量飲食。

打造不易發胖的身體

很多人心想：「要擁有不易發胖的身體，只要增加肌肉就行」，這是正確的嗎？如果正確，那麼該增加多少肌肉？身體又會不易發胖到什麼程度？

表5－5是中高年男性經過十六週肌力訓練以後，調查其訓練前後的體重與身體組成。中高年男性的體重在訓練前後幾乎沒有變化，但體脂肪率降低，淨體組織和休息代謝率都增加了。休息代謝率每一天增加一二〇大卡。如表5－3所示，一日代謝量若減少一〇二大卡，一年的體脂肪便增加五公斤。每一天的代謝量增加一二〇大卡，等於一年增加四萬三八

	前	後
體重（kg）	82.4 ± 3.5	82.1 ± 3.3
體脂肪率（%）	25.6 ± 1.5	23.7 ± 1.7*
淨體組織含量（kg）	60.6 ± 2.2	62.2 ± 2.1*
休息代謝率（kcal/24h）	1,553 ± 52	1,673 ± 54

表5－5　經過16週肌力訓練前後之體重、身體組成以及休息代謝率。＊記號和肌力訓練前有顯著差異。根據Pratley R等學者於1994年的研究。

〇〇大卡的代謝量。每一公斤體脂肪約有七千大卡，經過訓練之後，即使不再運動，每年還是會減少六公斤多的體脂肪。所以，「**要擁有不易發胖的身體，只要增加肌肉就行**」這句話確實沒錯。

那麼，哪些運動可以消耗一二〇大卡熱量？表5－6列舉了一些運動。每天都照表格上建議的時間運動固然很好，但若以定期的肌肉訓練增加肌肉量，就算當天沒時間運動，也能消耗掉和運動日一樣多的熱量。

慢跑	20～25分
有氧舞蹈	30～40分
快走	30～45分
散步	70～110分

表5－6　列舉可消耗120 kcal的運動

說到肌肉訓練，或許會讓人聯想到健美先生，不過，要擁有不易發胖的身體，並不需要像健美先生般的魁武體格，只要把中高年之後少掉的肌肉練回來，回復到年輕時不易發胖的程度就行了。就算我們的體型、身體組成無法和年輕時一模一樣，也要以此作為目標，向前邁進。

就理想上而言，每天都要花些時間運動，同時進行肌肉訓練以增加代謝量。然而，嘴巴說起來簡單，嘟囔著：「無法持續下去」的人也很多。

第6章

上健身房運動前、中、後所需的營養與攝取方法

運動前的必需營養與攝取方法

（1）水分

我們只要一運動，體溫便會上升，身體發汗。為了因應這個反應，我們必須在運動前補充水分。表6－1是日本體育協會提出運動時的水分補給方針，根據這項方針，運動前的標準補水量為二五〇～五百毫升。

喝下五百毫升的水，體重就會增加五百克，但水分中沒有熱量，所以不會令人變胖。即使是為了體重管理而運動之前，一樣要補充水分。

（2）碳水化合物

米飯與麵包中含有許多碳水化合物，至於運動前該攝取多少碳水化合物，則視運動目的或運動條件而定。

我們試想為了減少體脂肪而運動的情況。若要把體脂肪當成能量來源消耗掉，建議吃飯後經過一段時間再運動。因為吃飯時攝取的碳水化合物會抑制身體分解貯存在脂肪組織中的脂肪，使身體利用碳水化合物作為運動的能量來源。因此，**當我們為了瘦身或不想變胖而運動**

時，如果不是空腹到無法運動的程度，便沒有必要在運動前攝取碳水化合物。

然而，過度空腹就無法運動，而且若要把脂肪當成能量來源消耗掉，也需要碳水化合物的配合。此外，在進行高強度、長時間的訓練之前，為了預防血糖值降低而沒有能量，有時也要補充碳水化合物，否則會造成訓練時因空腹感強烈而無法運動的情況。

話雖如此，假如我們要在傍晚運動，除非沒有吃中餐，或者食量極少之外，幾乎不會發生運動前碳水化合物不足的情況。

有些研究甚至指出，若在運動前攝取大量碳水化合物，開始運動後可能會使血糖值下降。身體因攝取碳水化合物而分泌出來的胰島素與運動相互作用下，會降低血糖值。不過，這並不是每個人一定會發生的情況，我們不必太過擔心。

如果要在運動前攝取碳水化合物，可以吃果糖（fructose）。相較於蔗糖、葡萄糖等其他碳水化合物，果糖不會使我們的血糖值急速上升，也不會刺激胰島素分泌。因此，果糖不容易抑制身體分解脂肪組織中的脂肪，也很難在運動開始後讓血糖值下降。欲減少體脂肪而運動時，如果在意低血糖問題，比起蔗糖或葡萄糖，建議你攝取果糖。提到果糖，或許令人誤會它是水果中含藏的碳水化合物，但是水果中的糖分並非全都是果糖，也包含蔗糖或葡萄糖，因此，將水果吃下肚會使血糖值上升，也會抑制脂肪分解。**如果我們不想讓血糖值上升，或者不**

想降低脂肪分解效能，就要喝只含有果糖的運動飲料來攝取碳水化合物。

運動中的必需營養與攝取方法

（1）水分

每個人運動時的發汗情況有很大的個體差異，而運動時的水分攝取也會因發汗量而有所不同，但以每小時五百～一千毫升為標準攝取量，如表6－1所示。水分標準攝取量並非一口喝乾，而是每次一杯地分成好幾次喝完。

運動時身體因發汗而失去的水分，幾乎等同於體重減少量。如果體重減少一公斤，就會失去一公升水分。雖然我們希望能儘量補充運動時失去的水分，但如果做不到，補充的水分至少要讓我們在運動時減少勿超過二％的體重。假設某人體重六十公斤，二％便相當於一．二公斤。理想上來說，一邊測量體重一邊補充水分才稱得上科學。

另一方面，我們也得注意別喝水喝過頭。運動時不應該喝水喝到體重增加。因為這會導致血液中的鈉離子濃度太低，有低血鈉症（俗稱水中毒）的風險。低血鈉症嚴重時可能讓人失去意識，甚至死亡。圖6－1顯示在跑完馬拉松比賽之後體重增加，因為選手補充大量水分超過因流汗失去的，其得到低血鈉症的危險性較高。

（2）食鹽

身體因發汗而流失水分，同時也失去鈉。因此，如果喝下不含鈉的飲料補充水分，鈉在血液裡的濃度便會減少。

表6－2為調查身體接受訓練時，自由喝下飲用水或運動飲料之後，身體的發汗量與飲用量的結果。喝下兩種飲料之後的發汗量並沒有差異，但飲用量則以運動飲料較多，理由是運動飲料中含有食鹽（氯

運動的種類、強度、持續時間			水分補給標準	
運動的種類	運動強度（最大強度之％）	持續時間	競賽前	競賽後
場地單車競賽、籃球、足球等	75～100%	1小時以內	250～500ml	500～1,000ml/時
馬拉松、棒球等	50～90%	1～3小時	250～500ml	500～1,000ml/時
超級馬拉松、鐵人三項等	30～70%	3小時以上	250～500ml	500～1,000ml/時 一定要補充鹽分

1. 補充的水分因溫度條件而有所變化，但一般以發汗所減輕之體重的70～80%為水分補充目標。當氣溫特別高時，每15～20分鐘就要喝水休息，以抑制體溫上升。1小時分2～4次補充水分，每次補充200～250ml。
2. 水溫最好是5～15℃。
3. 補充含鹽分（0.1～0.2%）與糖分的食物能有效補充體力。運動量愈高，就要增加糖分以補充熱量。若從事1小時以上的運動，食物中含4～8%的糖分有助於預防疲勞。

表6－1　運動強度與水分補給的標準。《運動時中暑防治手冊*》，日本體育協會編製。

---

* 原文書名為《スポーツ活動中の熱中症予防ガイドブック》。

化鈉）。補充水分時需要食鹽的理由留待後述，不過生理上期待的濃度是〇．二％左右。市售運動飲料的食鹽濃度約為〇．一％，遠低於生理上的需求量。雖然人們常說：**「運動飲料最好稀釋過後再喝」，但這個觀念並不正確**。

這項研究值得注意的一點是，就算我們放任自己的慾望喝運動飲料喝到飽，也僅能補充發汗量六五％的水分。這意味著即使喉嚨不乾渴了，身體也沒有完全補充水分。前面提過，運動時我們不應該喝水喝到體重增加，但實際上要意識到這一點的必要性很低，我們反而應該注意水分補充不夠。

市售運動飲料雖含有食鹽，但濃度卻比汗水低得多，因此，就算我們在運動時喝運動飲料喝到體重增加，血液中的鈉濃度也很低。

（3）碳水化合物

如第2章「能量補給」（圖2－2）一節所述，為了預防長時間運動而降低血糖值，我們必須補充碳水化合物，所以運動飲料中也含有砂糖或葡萄糖等碳水化合物。

若喝運動飲料攝取碳水化合物，水分也會跟著一起吸收進去。運動時補充水分的標準為一小時五百～一千毫升，而每小時補充三十～六十克的碳水化合物便能防止血糖值降低。

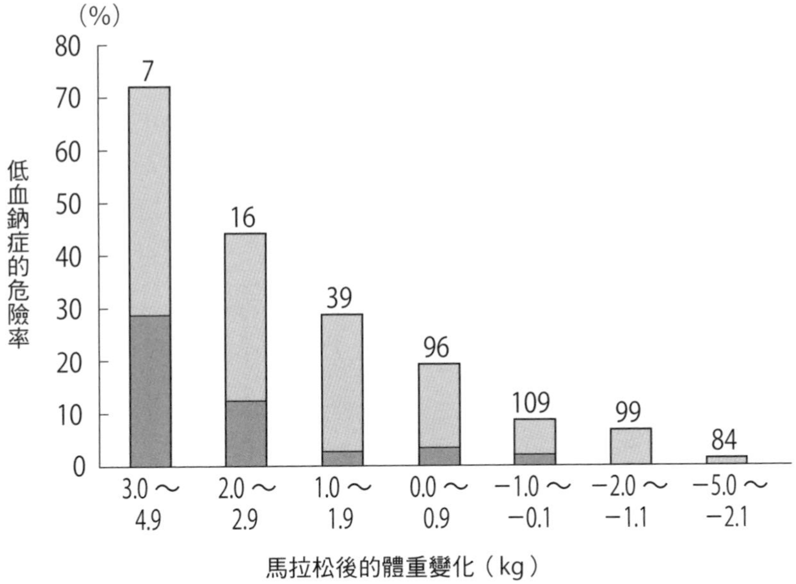

圖6−1　跑完馬拉松後體重增加愈多的人，得到低血鈉症的危險性就愈高。長條圖上方的數字表示每一類型的人數，長條圖顏色較深的部分為嚴重低血鈉症的比例。由Almond CS等學者於2005年統計。

	發汗量（g/kg體重/小時）	**飲用量**（g/kg體重/小時）	**飲水量／發汗量**（%）
飲用水	10.64	5.83	54.8
運動飲料	11.35	7.43*	65.5

表6−2　訓練過程中的發汗量與自發性飲用量。由中井等學者於1994年統計。

表6—3表示飲料的碳水化合物濃度及每一小時碳水化合物補給量的關係。深色格子表示能適度補充水分與碳水化合物的需要量。舉例來說，如果一小時喝下一千毫升含六％碳水化合物的飲料，就能補充一千毫升的水分和六十克的碳水化合物。因此，各地的運動飲料都把碳水化合物的濃度調製為四～八％，而日本的運動飲料其碳水化合物濃度大多有五～六％。運動飲料的碳水化合物濃度便奠基在這樣的科學理論上。雖然有所謂稀釋後再

每1小時的碳水化合物補給量

飲料中的碳水化合物濃度(%)	30 g	40 g	50 g	60 g
2	1,500 ml	2,000	2,500	3,000
4	750	1,000	1,250	1,500
6	500	667	833	1,000
8	375	500	625	750
10	300	400	500	600
15	200	267	333	400
20	150	200	250	300
25	120	160	200	240
50	60	80	100	120

表6–3　深色格子表示若喝下碳水化合物4～8%的飲料，每1小時可以補充30～60g的碳水化合物與600～1000ml的水分，而市售運動飲料的碳水化合物濃度大多為5～6%。此表根據Coyle EF等學者於1992年的調查結果。

飲用的說法，但和前面的食鹽一樣，並沒有運動營養學的根據。

在此提供各位作為參考，果汁或軟性飲料的碳水化合物濃度約為運動飲料的二倍，相當於十％左右。如果不影響運動訓練，也可以用水果等食物來補充碳水化合物。

也有些人認為「運動飲料的砂糖含量高」，對其敬而遠之。飲料中使用的甜味劑如表6－4所示，表格中「砂糖」和「澱粉來源糖分」以外的甜味劑，被使用於低卡路里或零卡路里的飲料中。這些甜味劑沒有防止血糖值降低的作用，但如果是足以令血糖值降低的激烈運動，希望不要喝這些用甜味劑調味的飲料，而是喝含有砂糖或澱粉來源糖分的飲料。

糖類	砂糖	
	澱粉來源糖分	葡萄糖、麥芽糖、果糖、水飴、高果糖漿、異麥芽寡糖
	其他糖分	果寡糖、半乳寡糖、木寡糖、乳果寡糖、大豆寡糖、棉子糖、海藻糖
	糖醇	山梨醇、甘露醇、麥芽糖醇、還原糖、還原巴拉金糖、木糖醇、赤藻糖醇
非糖類	天然甜味劑	甜菊葉、甘草（甘草素）
	人工甜味劑	糖精、阿斯巴甜、醋磺內酯鉀、蔗糖素

表6－4　食品中主要的甜味劑

另一方面，為了瘦身而運動的人，最好不要攝取多餘的熱量，因此可以喝這些使用甜味劑的飲料。不過，瘦身運動的發汗量一樣很多，此時補充的水分也要加一些食鹽。

運動後的必需營養與攝取方法

（1）水分

一旦運動後體重減輕，有些人便開心地以為自己「脂肪減少了」，很可惜這只是空歡喜一場，運動後減少的體重幾乎都是水分。

我們一運動，身體裡貯存的脂肪或膽固醇便成為能量來源被消耗掉。若體重六十公斤的人慢跑五公里，便消耗三百大卡左右的熱量，如果其中的一五〇大卡由體脂肪提供，相當於消耗掉的重量為十七克（因為一克脂肪有九大卡）。可是，慢跑五公里以後減少的體重更多，由此可知運動後所減少的體重是水分，而非體脂肪。

雖然運動時補充的水分不要多到讓體重增加的程度，但運動後所補充的水分要比減輕的體重更多一點。這是為了要促使運動時體內生產的代謝物排放到尿液之中。不過，運動後大多會吃東西，所以要注意不能因為過度攝取水分而讓自己吃不下。

水分中沒有熱量，因此即便運動的目的是減重或預防過胖，運動之後也要充分補給水分。

是否充分補給水分可以由尿液顏色知道。若水分補充不夠，尿液呈現深色；充分補充水分時，尿液則變成淺色。

（2）食鹽

圖6－2是在炎熱環境下讓脫水的老鼠自由攝取自來水或食鹽水的實驗結果。給予食鹽水的老鼠會在恢復期間持續飲用，相對之下，給予自來水的老鼠喝到一半就停下來不喝了。結果喝食鹽水的老鼠比喝自來水的老鼠更快恢復正常的血液量。

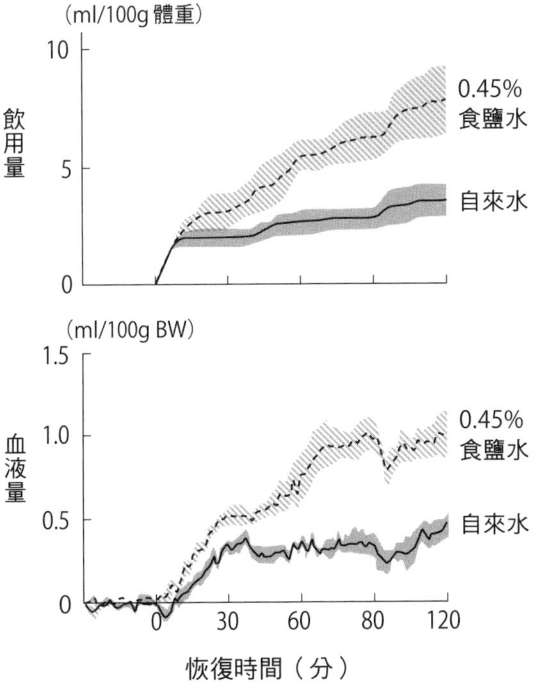

圖6−2　飲用食鹽水的老鼠，脫水後血液量的恢復情形較佳。根據Nose H等學者於1986年的實驗。

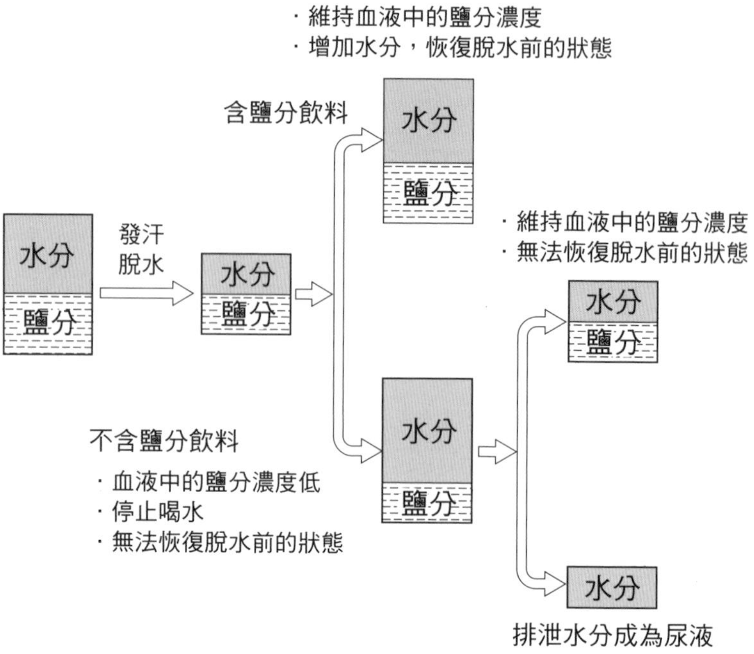

圖6－3　自發性脫水機制會令生物停止喝水，將多餘水分排出體外。由岡村等學者於2011年整理。

圖6－3說明喝食鹽水的老鼠更能有效恢復血液量的理由。身體一旦脫水，水分與鹽分都會減少，如果喝下不含鹽分的飲料，身體便吸收水分，增加血液中的水分濃度。但由於飲料中沒有供給鹽分，使血液中的鹽分濃度下降，而血液中鹽分濃度過低的低血鈉症將造成生命危險，所以我們會在無意識中停止喝水，進一步將多餘水分排放到尿液裡去，降低血液中的鈉濃度。這種不使身體發生低血鈉症的自然機制稱為「自發性脫水」。若喝了含有鹽分的飲料，同時吸收水分與鹽分，就能保持血液中的鹽分

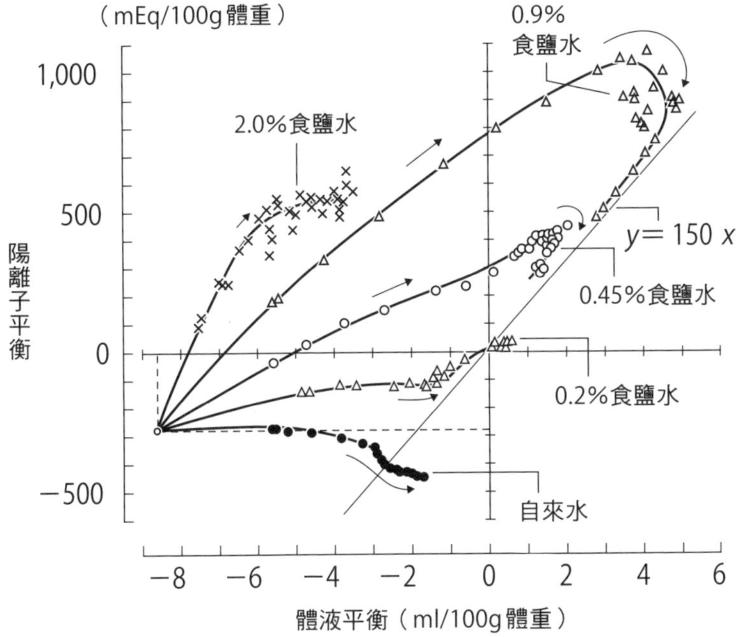

圖6−4　0.2%的食鹽水最能有效恢復脫水前的狀態（實驗對象為老鼠）。根據Okuno T等學者於1988年的研究結果。

濃度，在這種狀態下恢復血液量。圖6－2的實驗結果便反映了「自發性脫水」的現象。

經過調查顯示（圖6－4），脫水十二小時以後，身體期待攝取的食鹽水濃度為〇．二%。喝下自來水後，表示體內含水量的體液平衡之所以沒有恢復到脫水前的「〇」，是因為身體發生「自發性脫水」反應的緣故。另一方面，濃度二．〇%的食鹽水又太濃，無法讓身體恢復正常。海水的鈉濃度大約是三%，表示海水無法用來補充身體水分。飲料中的鹽分濃度無論太濃或太淡都不好。

運動後最好是吃能夠攝取到食鹽的食物，我們在流汗以後之所以覺得鹹味食物好吃，可能是因為身體需要鹽分的關係。

(3) 碳水化合物

運動時的主要能量來源之一是肌肉或肝臟中的肝醣。為了恢復運動時消耗掉的肝醣，必須在運動後充分攝取碳水化合物。除了米飯、麵包、麵類等主食富含碳水化合物之外，也可以從水果、點心、軟性飲料中攝取。

為了恢復體內的肝醣含量，建議運動後儘早補充碳水化合物。話雖如此，運動後若攝取過量軟性飲料或點心，就會吃不下飯。由於運動之後肌肉合成作用提高，因此蛋白質的補充也很重要，我們並不希望攝取太多軟性飲料或點心而造成吃不下飯的情況發生。

運動瘦身原則上要限制熱量攝取，所以減重時最好對脂肪含量高的食物加以控制，而不要太過限制碳水化合物的攝取量。我們對點心和軟性飲料要有所節度，但還是要在不過量的情況下攝取主食。

（4）蛋白質

肌力訓練會刺激肌肉蛋白質的合成，使肌肉肥大。持續性的訓練使身體產生更多熱量，並且刺激與生產熱量有關的酵素蛋白質合成。

肌肉中的蛋白質會同時進行合成與分解作用，當合成大於分解時，就會使肌肉變大。運動時蛋白質分解作用占優勢，運動後雖然分解作用下降，但為了讓合成凌駕於分解之上，我們必須補充用來合成身體蛋白質的材料，也就是蛋白質。

為了讓食物蛋白質被用來合成身體蛋白質，我們必須攝取足夠的熱量。一旦熱量攝取不足，攝取來的蛋白質就會被當成能量來源消耗掉，無法用來建構身體組織。因此，運動之後我們不能只攝取蛋白質，還要有充足的熱量。

當我們為了減重而運動時，必須刻意維持熱量不足的狀態，一旦減少碳水化合物或脂肪的攝取量而造成熱量攝取不足，身體就會使用蛋白質作為能量來源。所以，用來合成身體蛋白質的食物蛋白質就會有所不足，難以形成肌肉，淨體組織便不會增加。為了減重而運動的話更加需要注意，不要讓蛋白質的攝取量不足。如果運動後儘早補充蛋白質，身體的蛋白質合成作用就會更強。

（5）其他營養成分

把身體攝取的碳水化合物合成肝醣，或者利用蛋白質進行肌肉合成，種種身體代謝都與維生素有關。運動後為了能在體內流暢地進行必要的新陳代謝，我們與其攝取特定營養素或食品，應該吃下含有更多營養素的食物才是合理的做法。此外，運動後若能儘早攝取食物，在營養學上會有更棒的效果。

（6）運動後的飲食

截至目前為止，我們討論了運動後應該補充的營養，這些要藉由飲食才能完整攝取。無論運動的目的是減重還是提高耐力、增強肌力，我們所需要的營養成分都是一樣的，差別只在數量，也就是熱量。

運動後的飲食推薦各位吃火鍋，火鍋不但容易準備，也能同時吃到主菜和副菜，若要依據身體的必須熱量來調整食量也很簡單。

米飯將近兩碗，火鍋裡放入豬肉、豆腐、小松菜、豆芽菜，然後把雞蛋攪散拌進去，這道火鍋餐攝取到的營養成分和十八～二十九歲女性一餐所需養分如表6－5所示。由表可知，這道餐點能攝取到必要的營養成分。考慮到養樂多可以補充鈣質，所以在餐後以養樂多作為甜

	18～29歲女性的一餐需求量	沒有養樂多的火鍋餐	有養樂多的火鍋餐
熱量（kcal）	769	765	828
蛋白質（g）	18.8	25.9	29.0
脂質（g）	19.2	15.6	16.7
碳水化合物（g）	130.2	124.1	134.3
鈣質（mg）	225	229	311
鐵（mg）	4.5	3.9	3.9
維生素A（μg）	225	230	230
維生素B_1（mg）	0.41	0.50	0.52
維生素C（mg）	38	38	38

表6−5　成人女性一餐的營養需求量與火鍋料理的營養價值

點，但就算沒有養樂多，餐點中的鈣質也很足夠。

如果想要攝取更多熱量，可以調整食材內容，選用豬肉脂肪較多的部位當作火鍋料。若想減少熱量攝取，就增加一些蔬菜或菇類，並選用脂肪較少的肉或魚。

大家圍坐在火鍋旁，想攝取多一點熱量或蛋白質的人吃多一點，想限制熱量攝取的人吃少一點。另外，我們可以用飯量調整碳水化合物的攝取量。火鍋料理可說是前述「出乎意料的優質早餐」的晚餐版。

調整飲食的熱量時，要注意食材的脂肪量與料理方式。比方說當我們料理肉類時，如果想多攝取一些熱量，就把肉裹上麵衣放到鍋子裡油炸；相反地，想少攝取一些熱量的話，可以用燒烤的方式去除脂肪，或者蒸熟、水煮。如果是水煮，注意不要喝掉煮過肉的湯。

第7章 健身運動的人平常應攝取的營養與飲食方法

以節食、體重管理為目的時

（1）運動會減少更多脂肪組織

體型太肥、太胖的人不單單是體重過重，也表示體脂肪過多。因此，當他們想要減肥時，不只要減輕體重，還必須減少過多的體脂肪。

第5章我們曾說明過，體重減輕時，不僅體脂肪減少，肌肉等淨體組織亦隨之減少。圖7－1為兩種減重方式加以比較後的結果，一種是只控制飲食，另一種是控制飲食並搭配運動。只用飲食控制的方式減重時，少掉的體重約有五五%為脂肪組織，剩下的四五%是淨體組織；相較之下，飲食控制與運動雙管齊下時，少掉的體重有七十%左右都是脂肪組織，只有三十%才是淨體組織。像這樣一邊運動一邊減重，可以減少更多脂肪組織。

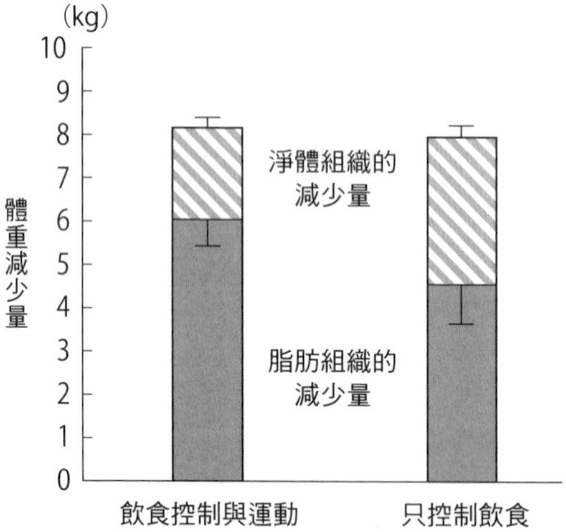

圖7－1　控制飲食和運動兩者雙管齊下，會達到兩種效果：①減少較多脂肪組織，②減少的淨體組織比較少。由Hill JO等學者於1987年統計。

淨體組織一旦減少，基礎代謝就會降低，身體容易發胖。圖7－1顯示只控制飲食而不運動時，身體容易變胖的事實。若重覆用控制體重的方式減重，據說會讓人容易胖起來，很難再瘦下去。

（2）運動與食慾

減重時記得要勤加運動，別讓淨體組織減少，也不要讓基礎代謝降低，這是很重要的事。然而，運動之後食慾高漲，有些人或許會擔心自己吃過頭。

運動的確會讓肚子變餓，卻未必會讓食慾高漲。圖7－2下圖顯示一天運動四十～六十分鐘的老鼠，其自發性攝取的

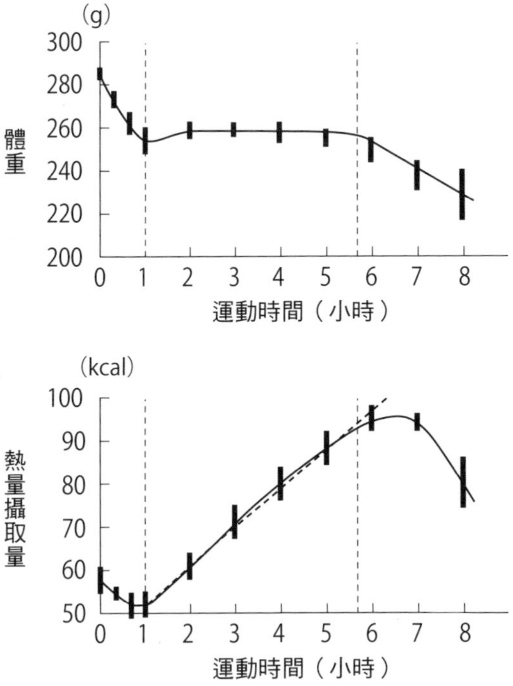

圖7－2　身體活動量與體重、熱量攝取之間的關係（以老鼠為對象）。根據Mayer J等學者於1954年的實驗結果。

熱量（攝食量）比完全不運動的老鼠還要低。如果一天的運動時間達到六小時左右，老鼠對熱量的攝取量就會增加，但是如果運動時間比六小時更長，攝取的熱量便會減少，因為過勞讓老鼠食慾低落。

至於體重方面，運動一小時的老鼠雖然消耗掉身體裡的熱量，但對外界熱量的攝取卻減少了，因此牠們比完全不運動的老鼠來得輕。運動時間為一～六小時的老鼠，事後所攝取的熱量相當於運動時消耗掉的熱量，因此維持一定的體重。當牠們運動六個小時以上，攝取到的熱量便不足夠，因此體重都減輕了。也就是說，相較於完全不運動的老鼠來說，稍做運動的老鼠會感覺食慾低落，配合運動而消耗掉的熱量，讓牠們的體重減輕了。

人類的情況又是如何呢？

科學家以人類為對象，調查工作強度與自發性的熱量攝取之間有何關聯，結果如圖7－3所示。人類的實驗結果和老鼠一樣，工作上稍微勞動身體的人所攝取的熱量較低，體重比不動身體的人更輕。

如同前面第5章的圖5－1所示，約七六〇〇大卡熱量構成一公斤的脂肪組織，而淨體組織約為一〇五〇大卡，當我們的體重減輕時，會根據各個組織所減少的數量和比例，使得身體減少的熱量有所不同。當我們減輕一公斤時，如果減掉的都是脂肪組織的話，減少的熱量就是

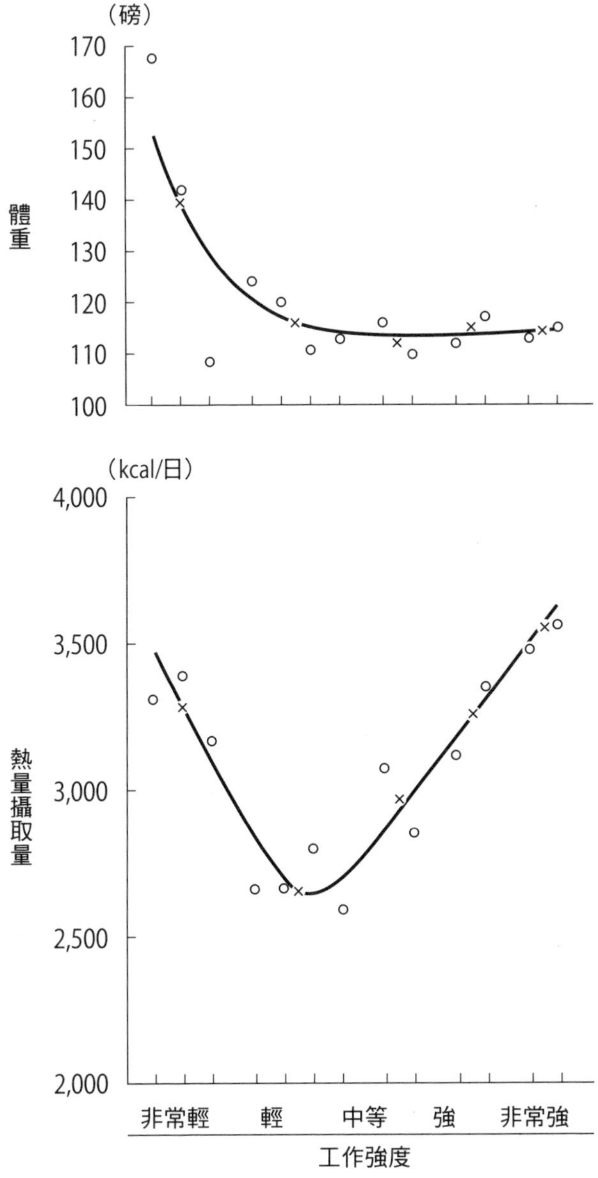

圖 7-3 身體活動量與體重、熱量攝取之間的關係。根據Mayer等學者於1956年的實驗結果。

七六〇〇大卡；如果減掉的都是淨體組織，減少的熱量是一〇五〇大卡；若各自減少一半，那麼體內就會少掉四三二五大卡。減少脂肪組織比減少淨體組織失去更多熱量，理論上當我們不特別限制食物熱量的攝取，但體重卻減輕了，就表示淨體組織大量消滅。

既不減少食量，也不運動，在這種情形下還能減輕體重，那麼很有可能是肌肉量下降了。

（3）熱量會減少到多少？

女性運動員為了不增加體重，過度限制熱量攝取的結果就是造成月經不順或者沒有月經。沒有月經時的體內荷爾蒙情況，跟女性荷爾蒙減少的停經後很相似。因此，我們可以從沒有月經的長距離跑步選手身上，觀察到骨質密度低下的問題，這是停經後造成女性健康問題的更年期障礙常見症狀（由Drinkwater等學者發現）。

由此可知，就算以瘦身為目的，但過度限制熱量攝取並不是件好事。該限制熱量攝取到什麼程度比較好？目前有一個做法稱為「Energy Availability」。把我們攝取的總熱量減掉運動訓練所消耗掉的熱量，就能得到平時生活可以利用的熱量。如果這個數字是每一公斤淨體組織低於三十大卡，就容易對代謝或荷爾蒙機能產生不良影響。詳細的計算方法如表7－1所示，例如某位女性的體重六十公斤，體脂肪率為二十％，一小時的運動訓練可消耗五百大卡，那麼她

■運動訓練以外可以利用的熱量

＝（熱量總攝取量）－（運動訓練消耗掉的熱量）

■如果運動訓練以外可利用的熱量低於30kcal/kg淨體組織重量（FFM），

・妨礙身體代謝或荷爾蒙機能，對運動能力與成長、健康均有不良影響。

・女性會出現生殖機能障礙或月經不順的毛病

・對男性運動員也有不良影響

■運動訓練以外可利用的熱量很少之實例：

・體重60kg，體脂肪率20%的女性之

淨體組織重量→48kg

・攝取的熱量限制在1800kcal

・進行運動訓練1小時消耗500kcal

・可利用的熱量為1800kcal－500kcal＝1300kcal

・可利用的熱量為1300kcal÷48kg＝27kcal/kg FFM

表7-1　運動訓練以外可利用的熱量，儘量不要低於每1kg淨體組織30kcal以下。

平日可以利用的熱量就是一三〇〇大卡，訓練以外可利用的熱量為每一公斤淨體組織二七大卡，我們可以說這位女性過度限制熱量攝取。

（4）減少熱量攝取的飲食法

如果想要變瘦，減少熱量攝取是必要的做法。話雖如此，但大家從經驗中都明白，這並沒有那麼簡單。我在這裡儘量試著想些容易實踐的飲食法。

首先，我們要留意減少脂質的攝取。比起調味或沾醬所用的油脂，從食品本身所攝取的脂質含量更多。如圖7－4所示，魚、肉的蛋白質含量

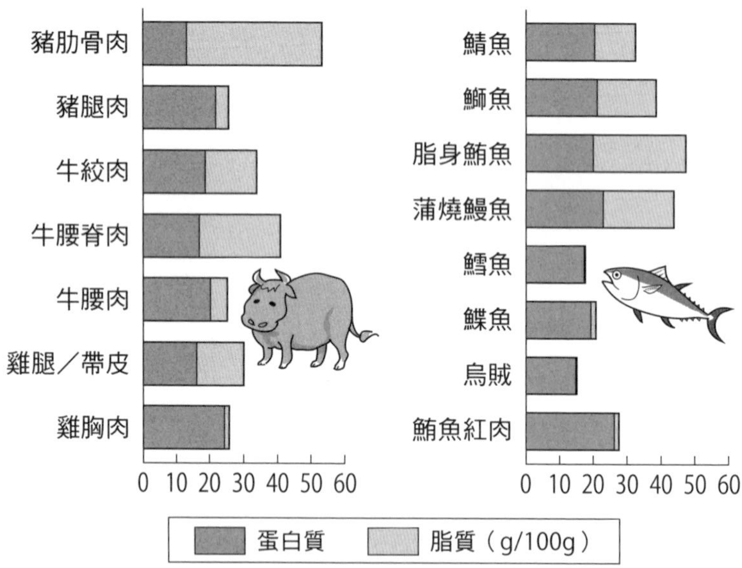

圖7－4 魚、肉依種類和部位而有不同的脂肪量

不因種類或部位而有太大的差異，但脂質含量的差異卻很大。同樣是牛肉，腰脊肉和內腰肉的脂質含量就有很大的差別。我們要了解這些特點後再來選擇食材。

至於魚則有所謂的「當季」之分，很多人以為吃當季的魚對身體比較有利，但「當季」指的是脂肪較多的時期，我們也可以說「美味的食物脂肪較多」。

另外料理方法也會影響飲食中的熱量。圖7－5表示套餐的蛋白質與熱量。每一份套餐的蛋白質含量並沒有太大的差異，但熱量卻大大不同。像油炸物這種使用油脂料理的餐點，

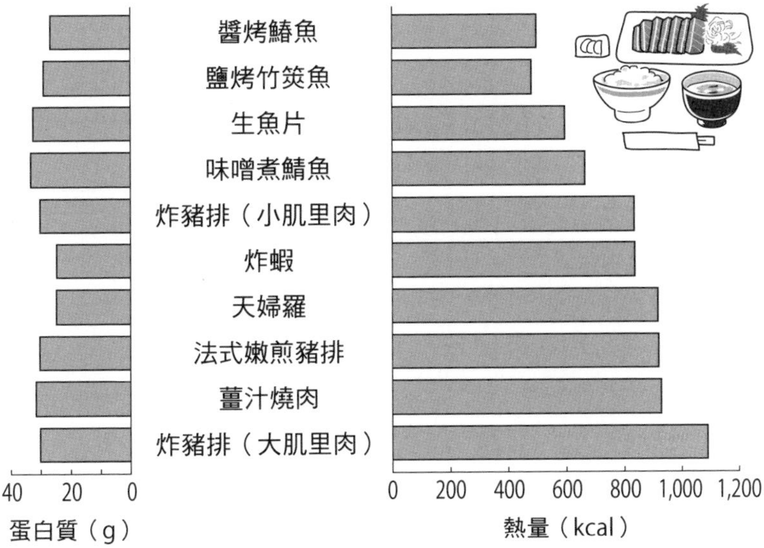

圖7－5　套餐的蛋白質與熱量。參考資料為《外食、市售食品熱量、鹽分、蛋白質指導手冊*》，由女子營養大學出版部繪圖。

＊ 原文書名《外食・市販食品のエネルギー・塩分・たんぱく質ガイドブック》。

熱量比較高。

建議不要太過限制碳水化合物的攝取，因為過於限制碳水化合物的攝取會使腦部能量來源的葡萄糖攝取不足，身體為了供應胺基酸好在體內合成葡萄糖，會提高肌肉中蛋白質的分解，導致**肌肉量下降**。

以增強肌肉、肌力為目的時

（1）蛋白質的需求量

如第5章的圖5－1所示，在構成肌肉的成分中，肌肉占了二十％，僅次於占七五％的水分。因此，有在鍛鍊肌肉的人非常關心如何攝取蛋白質。上健身房運動的人之中，不少人會利用營養補給品來攝取蛋白質。這意味著什麼呢？我們就一邊介紹各種實驗，一邊思考看看。

當我們思考蛋白質的需求量時，前提是要讓身體擁有充足的熱量。第3章中說明過，假使熱量不足，蛋白質會被拿來當作熱量來源使用，而非合成肌肉。

並不是攝取愈多蛋白質愈能加強肌肉合成。圖7－6是一份關於食物蛋白質和運動對身體蛋白質合成有何影響的調查。有在運動的人以一天一公斤體重為單位，對蛋白質的攝取量從

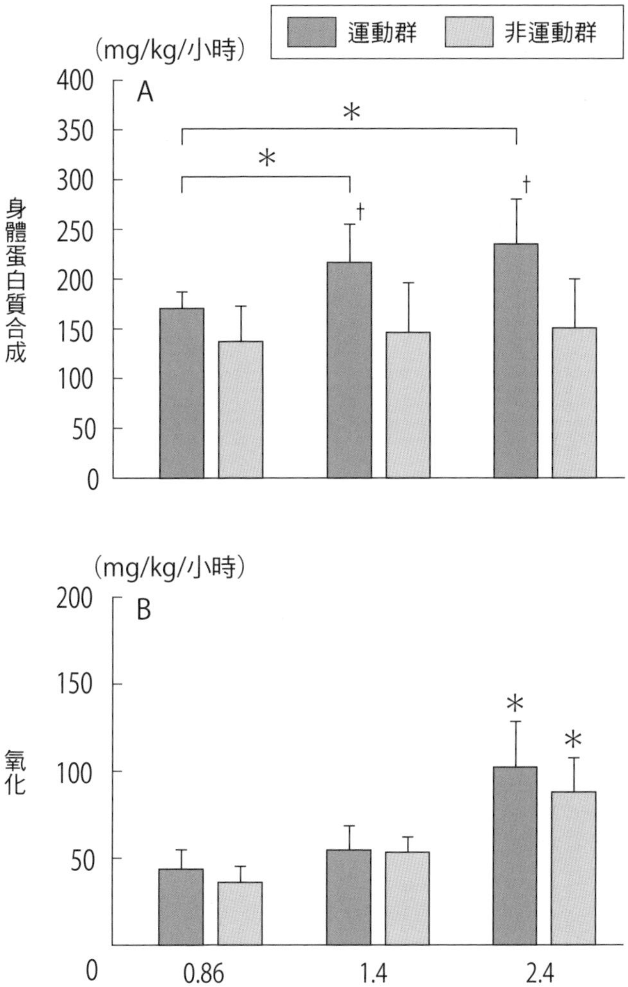

圖7-6　飲食中的蛋白質含量與運動對身體蛋白質之合成及氧化有何影響。A圖＊記號範圍中0.86g與其他條件者有明顯差異。†記號與非運動群有明顯差異。B圖＊記號之運動群和非運動群皆與0.86g、1.4g有明顯差異。根據Tarnopolsky等學者於1992年的實驗結果。

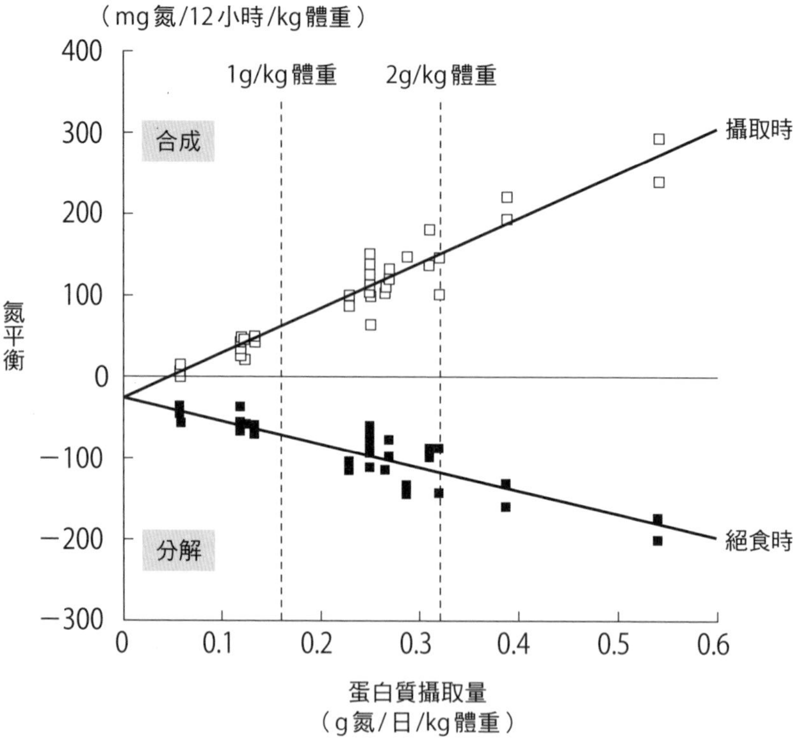

圖7−7　蛋白質攝取量一旦增加，分解與合成兩個方向的作用均會增強。根據Price GM等學者於1994年的實驗。

〇・八六克增加到一・四克時，就會提高身體蛋白質的合成量，不過當攝取量增加到二・四克時，身體蛋白質的合成量便不會再提高，增加的是代表產出熱量的氧化量。因此，**欲合成身體蛋白質，有效的蛋白質攝取量每一天一公斤體重者以二克為上限**。

圖7－7為蛋白質攝取量與氮平衡的關係圖。「氮平衡」是評估蛋白質需求量的基準，若為正值，意味著身體蛋白質處於「合成」的狀態；若為負值，則表示處於「分解」狀態。如圖7－7所示，一旦蛋白質的攝取量增加，那麼在攝食時蛋白質合成提高的同時，絕食時的分解效率也跟著提高。

圖7－8是一個概念圖，表示增加蛋白質攝取量之後，攝食後與絕食時蛋白質代謝的樣貌。蛋白質攝取量愈是增加，攝食後的蛋白質合成量便愈高，但絕食時的蛋白質分解量同樣也愈高。也就是說，合成與分解的振幅會變大。然而，身體蛋白質的最大貯存量依然沒有變化。換言之，包括肌肉在內的身體蛋白質含量並沒有增加。

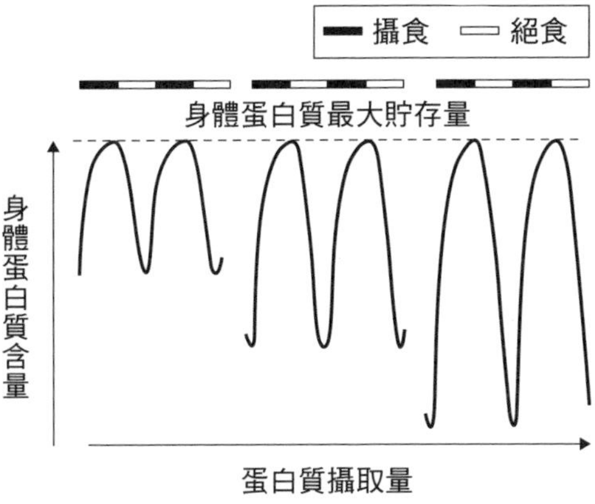

圖7－8　蛋白質攝取量一旦增加，一日內的身體蛋白質變動量幅度即隨之變大，但身體蛋白質含量卻沒有改變。根據Millward DJ等學者於1994年的研究結果。

圖7—9表示一天一公斤體重者其蛋白質攝取量從一克增加到二克時，肌肉合成量反而減少的情況。蛋白質經過消化成為胺基酸後被身體吸收，在體循環的第一站——腸子與肝臟中進行代謝，再被運送到肌肉裡去。假如我們平日攝取的蛋白質數量較多，腸子與肝臟中的胺基酸分解量自然增加，那麼供應給肌肉進行合成的胺基酸材料就會減少。

圖7—10利用老鼠進行研究，我們觀察到給予高蛋白食物後，老鼠身上的肌肉量便有減少的傾向。

從這些實驗結果可以知道，**藉由運動鍛鍊肌肉時，並沒有科學證據顯示高蛋白食物對身體最理想**。

肌肉蛋白質的合成，一次（一餐）的蛋白質攝取量最多是二十克（圖7—11），如果一次攝取超過二十克的蛋白質，並不會被用來合成身體蛋白質，而是如圖7—12般發生氧化，也就

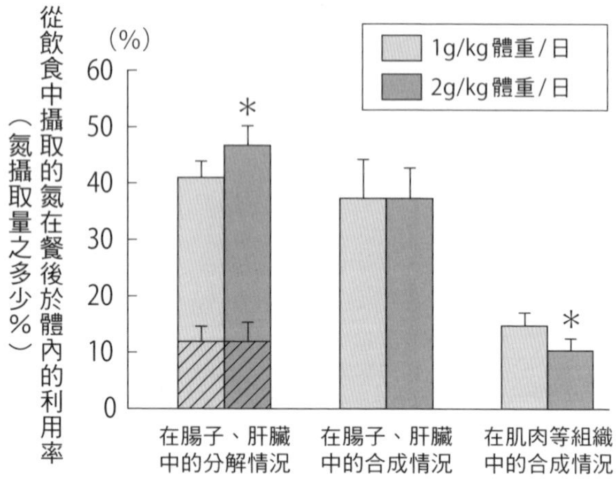

圖7—9　平日飲食若為高蛋白質，攝食後蛋白質在末梢組織中的合成量便會減少。＊記號相對於1g／kg體重／日者有明顯差異。根據Juillet B於2008年的實驗結果。

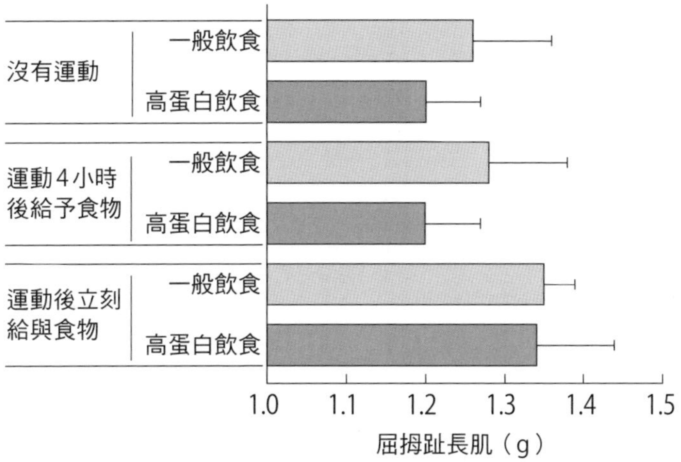

圖7－10 欲藉由運動讓肌肉肥大，與其攝取高蛋白飲食，不如在運動後儘早給予食物比較重要（實驗動物為老鼠）。根據Kondo E等學者於2008年的實驗結果。

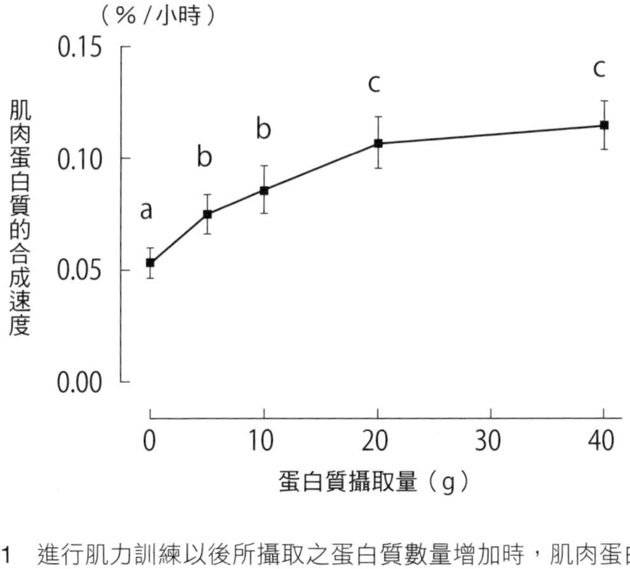

圖7-11 進行肌力訓練以後所攝取之蛋白質數量增加時，肌肉蛋白質合成速度的變化。英文字母所表示的平均值之間有顯著差異。根據Moore DR等學者於2009年的研究。

是被當成能量來源消耗掉。

日本人一天所需要的蛋白質數量，每一公斤體重約需一克蛋白質，但幾乎所有的日本人所攝取的蛋白質都超出甚多。日本人平常一餐就吃下三十克左右的蛋白質，比刺激身體蛋白質合成所需的蛋白質數量還要多更多。

總而言之，**只要飲食中的熱量足夠，就算我們以增強肌肉為目的，也沒有必要特別注意攝取大量蛋白質，更不需要喝蛋白質營養補給品**。

（2）蛋白質的「品質」

身體蛋白質由二十種胺基酸串連而成，其中無法在體內合成的九種胺基酸稱

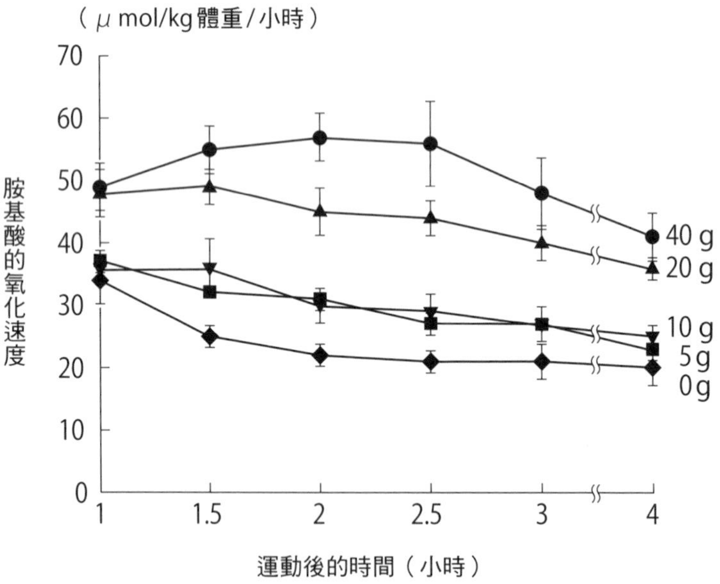

圖7－12　運動後攝取0～40g蛋白質時，胺基酸（白胺酸）的氧化速度。

為必需胺基酸，必須從體外攝取。

食品中蛋白質的「品質」優劣，便由必需胺基酸的含量以及均衡程度來決定。圖7－13表示雞蛋和精製白米中的蛋白質含有多少人體所需的必需胺基酸。橫軸的數字一百表示人體的需要量。由於精製白米的離胺酸含量不足，因此只有六五％的必需胺基酸，對於必需胺基酸不足的比例，我們稱之為「胺基酸分數」。精製白米的胺基酸分數為六五。另一方面，雞蛋中具備了所有人體必需胺基酸，因此胺基酸分數為一百。

一般而言，動物性蛋白質品質較佳，但像黃豆之類的蛋白質雖然屬於植物性食品，卻和動物性蛋白質同等級。我們拿

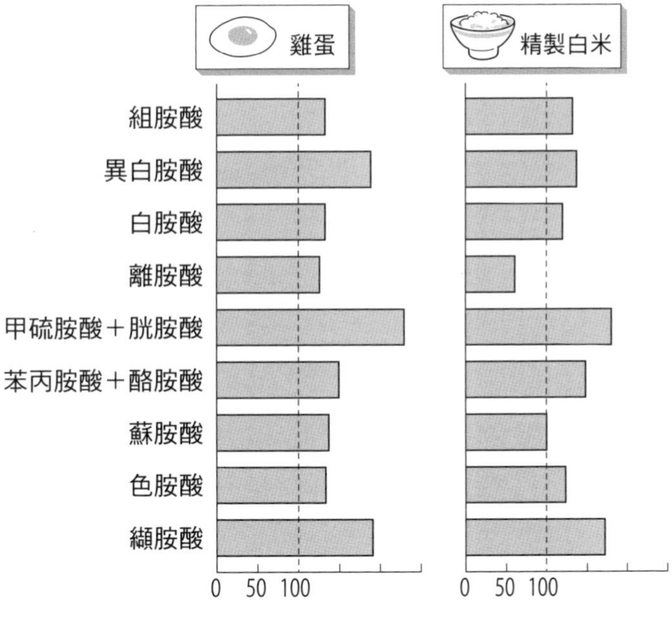

圖7－13 雞蛋與精製白米的胺基酸分數。

來當作主食的米、麥，其蛋白質中的離胺酸含量較少，不能說是優秀的蛋白質來源。不過，當我們實際吃飯時，會用主菜來填補主食中含量較少的必需胺基酸，這就是我們為什麼要攝取各類食物的理由之一。

（3）要攝取足夠的熱量

蛋白質也可以成為熱量的來源。這意味著假如我們對碳水化合物或脂肪的攝取量過少，造成體內熱量不足時，我們刻意攝取來建構肌肉的蛋白質就會被當成熱量來源消耗掉。所以為了用我們攝取的蛋白質合成肌肉，攝取充足的熱量是必要條件。

（4）和碳水化合物一同攝取

一般認為，只要同時攝取蛋白質和碳水化合物，食物中的蛋白質很容易被用來

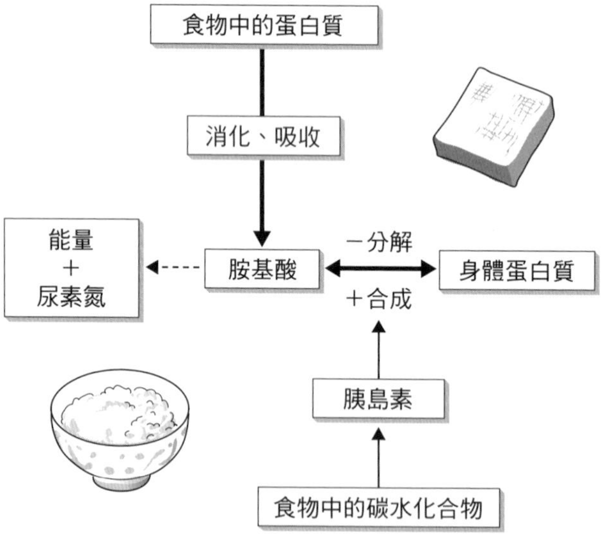

圖7－14　碳水化合物能提高食物蛋白質合成身體蛋白質的效能。

合成身體蛋白質。圖7－14便是說明其中原理的概念圖。藉由我們攝取的碳水化合物來刺激胰島素分泌，促進食物蛋白質合成身體蛋白質，同時也減少身體蛋白質的分解作用。

（5）運動後儘早補充營養

在接近運動的時間點攝取蛋白質，愈能有效促進肌肉蛋白質的合成。圖7－15表示運動後蛋白質攝取時間點以及下肢肌肉的蛋白質代謝關係。比起運動後經過三小時才攝取蛋白質，運動後立刻攝取蛋白質，在體內合成肌肉蛋白質的成效更好，而兩者的分解作用則沒有差別。結果身體蛋白質的分解與合成之間的平衡狀況，運

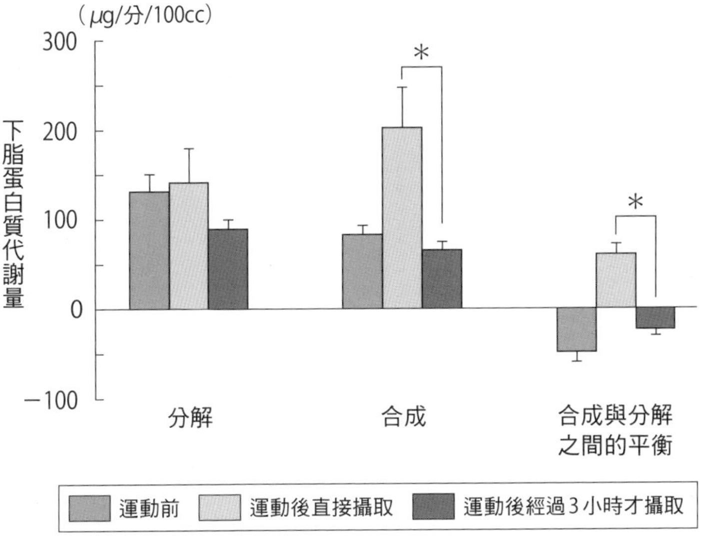

圖7－15 運動後蛋白質攝取時間點以及下肢蛋白質的代謝關係。＊記號表示運動後直接攝取者與3小時後才攝取者有顯著差異。根據Levenhagen DK等學者於2001年的研究結果。

動後立即攝取者為正值，表示肌肉增加；相對之下，運動後經過三小時才攝取者為負值，表示肌肉減少。

圖7－16是將老鼠分為運動後直接餵食組，以及運動後四小時才餵食組，飼養十週的實驗結果。肌肉量以直接餵食組較多，脛骨的骨質密度也是直接餵食組較高。由此可知，**運動後儘早補充營養，合成肌肉量和骨骼密度的成效比較好**。另一方面，運動後直接餵食組其脂肪組織相對較少，這是因為該組老鼠的肌肉量較多，所以基礎代謝率比較高，結果使體脂肪很難累積在身體裡。

運動後儘早補充營養之所以有助於增長肌肉，有兩點原因：①流向肌肉的血流量增多，使得肌肉蛋白質的材料——胺基酸的供給量增加，②促進肌肉蛋白質合成的同時，肌肉對於具有抑

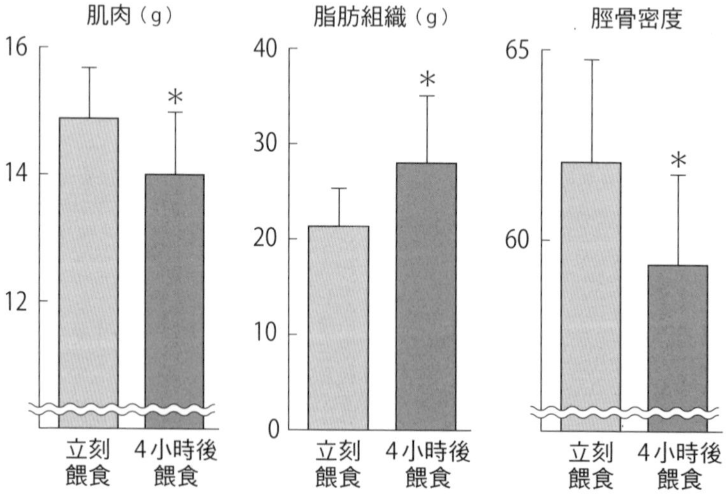

圖7－16 運動後立刻餵食的老鼠，擁有較多的肌肉量，較少的脂肪組織，骨質密度也比較高。＊記號與立刻餵食者有顯著差異。根據Suzuki等學者和Okano等學者於1999年的圖表。

制分解作用的胰島素之感受度也提高了。

（6）肌肉減少症與骨質缺乏症

在第5章「為什麼會中年肥胖」一節中，我們說明了中年肥胖的理由，是因為年齡增長而使肌肉量減少，基礎代謝降低的緣故。

因年齡增加造成肌肉量減少的情形稱為「肌肉減少症」（sarcopenia）。「sarco」是拉丁語的肌肉，「penia」則是缺乏、不足的意思。上了年紀以後，骨骼變得脆弱，這種情形稱為「骨質缺乏症」（osteopenia），「osteo」是「骨頭」的意思。

圖7－17表示肌肉減少症與骨質缺乏症如何影響高齡者的健康。

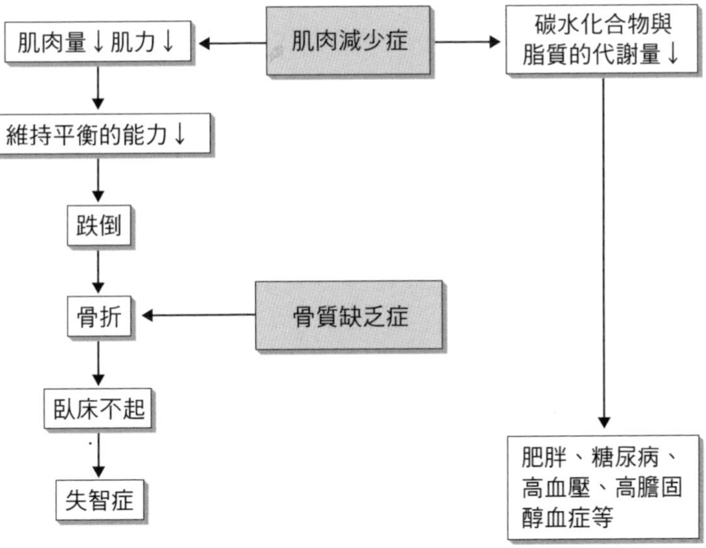

圖7－17　高齡者的健康問題：肌肉減少症與骨質缺乏症。

身體的肌肉量一旦減少，肌力便跟著下滑，維持身體平衡的能力也會變差，甚至連快跌倒時抓住扶手讓自己站穩的力量也變弱，結果就是容易摔跤。而且，骨質缺乏症還讓人容易骨折。若從骨折恢復健康的這段期間都靜養著，肌肉就會消瘦下來，讓人爬不起身、臥床不起，增加罹患失智症的風險。

另一方面，由於肌肉量減少便降低基礎代謝率，原應消耗掉的碳水化合物與脂質累積在體內，使身體容易發胖，而肥胖更是糖尿病、高血壓、高膽固醇血症的誘因。

我們了解預防中年以後肌肉量減少，並恢復高齡者身上的肌肉量，是維持健康的重要工作，因此有必要進行肌肉訓練，在以高齡者為對象所進行的實驗，如圖7－18中顯示，運動後儘早補充營養能提高肌肉訓練所得到的肌肉增長成效。

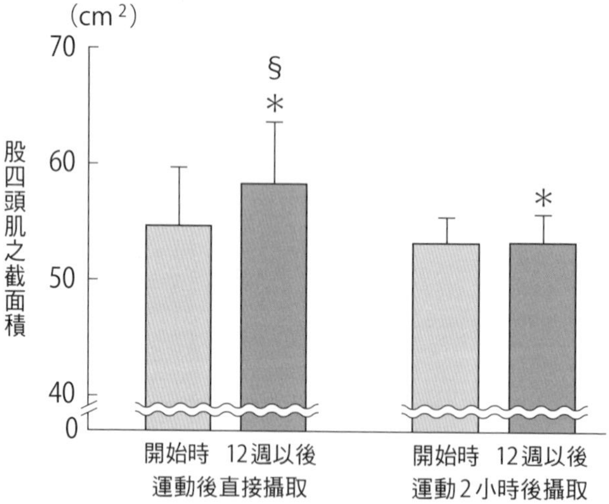

圖7－18 股四頭肌的截面積大小，運動後直接攝取蛋白質組的面積增大了，但運動後2小時攝取組的面積沒有變化。此研究以平均年齡74歲之高齡者為對象。＊記號相較於開始時有顯著差異。§記號與運動後2小時攝取組的變化量有顯著差異。

此外，隨著年紀增長，飲食的內容最好和年輕時有所區別。表7−2是每一個年齡層的蛋白質建議量和推估需求熱量。根據這張表格，超過七十歲的高齡者對他們攝取的每一份熱量之蛋白質需要量最多。隨著年齡增加，身體需要的熱量會減少，但是對蛋白質的需要量卻維持不變，這表示**年紀愈大的人必須攝取高蛋白飲食**。如之前的圖7−4所見，每一百克的魚、肉就含有二十克左右的蛋白質，可是當中的脂肪含量卻沒有太大差別。如果不想攝取太多熱量，只要選擇脂肪含量少的部分吃就行了。

以增強體力、提高持久力為目的時

（1）行動體力與防衛體力

體力大致上可區分為「行動體力」與「防衛體

年齡（歲）	**蛋白質建議量**（g/日）	**推估熱量需求量（生活活動強度 II）**（kcal/日）	**每一份推估熱量需求量之蛋白質建議量**（g/100kcal）
1～2	20	1,000	2.0
3～5	25	1,300	1.9
6～7	30	1,550	1.9
8～9	40	1,800	2.2
10～11	45	2,250	2.0
12～14	60	2,500	2.4
15～17	60	2,750	2.2
18～29	60	2,650	2.3
30～49	60	2,650	2.3
50～69	60	2,450	2.4
70～	60	2,200	2.7

表7−2　年齡層與每一份熱量需求量之蛋白質建議量的關係（男性）。參考《日本人之飲食攝取基準 2010年版*》繪製而成。

＊ 原文書名為《日本人の食事 取基準2010年版》。

力」。

行動體力就是移動身體的體力，主要可分為與肌肉機能有關的能力，還有與心肺機能有關的持久型運動能力。前面我們已經說明過與肌肉有關的機能，這裡我們列舉用來提高心肺機能和持久力的運動所涉及的營養與飲食。

另一方面，防衛體力例如對疾病的抵抗力等。只要保持運動，就不容易感冒，像這種從經驗上知道可以「讓身體強壯」的能力即屬此類。

（2）提高持久力的運動要注意補充水分與熱量

為了提高心肺機能與持久力，我們必須進行長時間而低強度的運動，也就是所謂持久型的運動，藉此自我訓練。此類運動不管是發汗量或是消耗的熱量都很多，因此，運動時要記得補充足夠的水分，此外，如果長時間運動感到耗盡能量，記得得攝取碳水化合物。不要讓身體發生血糖值降低或肝醣不足的情況，才能持續長時間運動。關於水分及碳水化合物的補充方式，請閱讀第6章。

如前所述，如果在碳水化合物不足的情況下運動，將會大量分解肌肉蛋白質（圖3－2）。雖然過度攝取熱量讓人肥胖，但我們還是要注意別讓訓練所需的熱量及碳水化合物不足。

運動前後的營養補給方面，請閱讀第6章。

（3）過度運動也可能造成免疫下降

適量的運動能提高免疫力。因此，為了提高防衛體力，適度運動是有效的做法。

然而，激烈的運動有時卻反而降低我們的免疫力。比方說，我們從經驗上得知，跑完馬拉松以後容易有上呼吸道感染，也就是感冒。目前認為，這與喉嚨黏膜中預防感染的分泌型免疫球蛋白A（IgA）的分泌量減少，或者是口腔、上呼吸道的黏膜乾燥有關。

雖然學術界正在研究如何防止因過度運動而造成的免疫力下降，或者如何使免疫力恢復正常，但我想目前還沒發現確實有效的方法。

長時間運動若不補充醣類，身體的血糖值便會降低，為了防止血糖值降低，由胺基酸合成葡萄糖的糖質新生作用便活躍起來。糖質新生是被一種名為糖皮質激素的副腎皮質荷爾蒙激發。副腎皮質荷爾蒙也有降低免疫力的作用，因此，運動時若碳水化合物不足，就會使免疫力下降，從這個邏輯思考，足夠的碳水化合物對於改善身體狀況應該更有效果。

第8章

運動與營養補給品

運動用的營養補給品

我想固定上健身房運動的人，對體力和健康的意識相對較高，因此，或許很多人在日常生活中也會使用營養補給品，而非僅在運動時。這些營養補給品的效果可以達到什麼程度呢？

運動用的營養補給品大致上分為兩類：①可用來補給從飲食中無法足夠攝取的營養素，②營養補給品中含有能提高運動能力的物質。

誠如筆者先前所言，只要均衡飲食，就能攝取到所有的必需營養素，這是本書的基本觀點。

運動選手當中，有些人在訓練營裡不吃完營隊提供的營養餐點，而改喝營養補給品。這種情形下，從營養補給品中攝取的物質可能會變成補足剩下餐點裡的營養成分，選手並沒有增加營養素的攝取量。此外，就算透過營養補給品增加某種營養素的攝取量，效果卻不如均衡飲食那麼好。

運動會產生各式各樣的疲勞，就熱量層面來看，使消耗掉的熱量恢復正常值等於消除疲勞。因此，藉由補充碳水化合物回復熱量，在營養學上具有正當性。

那麼，假如有營養補給品能減輕疲勞感，那會是必要的嗎？

首先，我們必須思考減輕疲勞感的觀念是否正確。疲勞感是一種警示訊號，告訴我們再繼續運動下去對身體不好，應該停止運動。麻藥讓人失去疲勞感，感受不到這種警示訊號，但這對身體是有害的。雖然我認為世上並不存在具備這種作用的營養補給品，假如真的存在，對於該不該使用也必須再三思量。此外，我們還要注意是否成分不明。

無法從飲食中攝取到足夠的營養素時

透過健康檢查，我們很明顯發現身體的某些營養素不足，而營養補給品原則上就是用來補強這些無法從飲食中攝取的營養素。如果不清楚體內是否不足就拿來服用，可能會因營養素過量而造成健康上大小不一的問題。以下是可以使用營養補給品的情況。

（1）因爲某些理由而偏食

就算我們平常不挑食，到了衛生狀況不佳的地區還是會偏好某些食物，如果能事先調查好可能缺乏的營養素，就能攜帶營養補給品過去當地。

（2）爲了減重而限制飲食

減重時我們會減少熱量的攝取，然而蛋白質、維生素、礦物質卻是身體不可或缺的營養。由於維生素、礦物質的營養補給品幾乎不含熱量，所以當我們限制飲食時，可以利用營養補給品來補充這些營養素。

（3）沒有食慾或者需要大量熱量時

當我們因為過勞而失去食慾，或者想攝取更多熱量用以增重時，那些富含營養素的液態營養補給品，即使少量攝取亦有幫助。

（4）素食主義者

植物性蛋白質的品質不但比動物性蛋白質差，含量也少。此外，由於身體對植物性蛋白質的消化、吸收率比較低，攝取營養補給品能讓身體不致於缺乏蛋白質。素食主義者不吃動物性食品，因此容易攝取較少的熱量、脂質、維生素B_{12}、核黃素、維生素D、鈣質、鐵質、鋅等營養素。

（5）補充鐵質、鈣質等身體容易缺乏的營養素

鐵質是身體容易缺乏的營養素，尤其當我們限制飲食時更容易發生。但是，鐵質過量也會出問題，因此我們不應靠著外行人的判斷來補充鐵劑，而要以血液檢查的結果作為基礎，諮詢專家的意見後再使用。

日本人容易缺乏鈣質，因為日本食物不使用乳製品這種優秀的鈣質供給源製作，而且日本人也漸漸不連皮帶骨地吃掉小魚。鈣質攝取亦有其上限，我們要注意別過量攝取營養補給品。

有助於運動的特色營養補充品

（1）運動飲料

運動飲料是為了能在運動時同時補充身體所需的碳水化合物與水分而設計，因而將碳水化合物濃度設定在四～八％（表6－3）。此外，飲料中還含有鈉離子，用以預防低血鈉症（圖6－3）。

有些運動飲料裡還添加了碳水化合物與鈉以外的成分，不過，除了碳水化合物和鈉以外，目前尚未有科學證據顯示運動時攝取其他營養素是否對身體有益。

（2）熱量補給

這裡所說的熱量，指的是碳水化合物。像血糖值或肝醣低下等碳水化合物不足的情形，代表身體的熱量用完了。

由於運動時攝取水分和碳水化合物對身體有益，因此才會以此設計出運動飲料的成分。碳水化合物可以用錠劑或果凍狀的方式攝取，此時需注意攝取量是否符合身體需求。

（3）蛋白質

如果無法從飲食中充分攝取蛋白質，可以用蛋白質補給品來補充體內缺乏的蛋白質。可是，並不是攝取愈多蛋白質就能長出愈大塊的肌肉。如果能藉由飲食充分攝取到熱量或蛋白質，就沒有必要另外補充營養品。

（4）維生素Ｂ群

維生素Ｂ群會協助酵素代謝營養素產生能量。尤其是從醣類轉換到能量的過程中所需要的維生素B_1，我們很難從食物中攝取到足夠的量，許多營養劑的主要成分是以維生素B_1為首的維生素Ｂ群，理由就在這裡。不過，並非攝取愈多維生素Ｂ群就能生產愈多能量。

（5）抗氧化物質

維生素C與維生素E，以及其他食品成分中的類胡蘿蔔素、多酚都具有抗氧化作用。運動時體內產生許多自由基，可能會傷害生物細胞。雖然沒有經過證實，但卻有報告指出，當身體負荷增大時，例如增加體能訓練、或者開始進行高地訓練，理論上在隨後的一～二週內最好能攝取抗氧化物質，然而長期攝取的效果並不明顯。

至於上健身房運動以維持身體健康，不會造成身體很大負擔，所以不必要攝取抗氧化物質。

（6）其他物質

市面上擺滿了琳瑯滿目被認為有助於提高運動能力、消除疲勞、增長肌肉、減少體脂肪的營養補給品，還有一種被稱為Ergogenic aids的運動增補劑。這些營養補給品並沒有充分的科學根據，因此，請大家參考後面「選擇營養補給品時應該考慮的重點」一節的內容，思考自己是否要使用。

營養補給品與運動禁藥

在健身房裡自我訓練的人或許和運動禁藥無緣，不過，既然要運動，了解運動禁藥是什麼樣的物質並不是壞事。

首先，蛋白質或胺基酸、醣類、脂質、維生素、礦物質等營養素都不是被體育界禁止的運動禁藥。因此，即使大量攝取這些營養素，在做禁藥檢查時也不會出現陽性反應。

根據《世界反運動禁藥規範》的規定，摻入營養補給品內造成問題的禁藥物質中，以具有肌肉增強作用的類固醇激素（男性荷爾蒙）為代表。國際奧林匹克委員會對營養補給品進行隨機抽樣，結果發現其中的二十～二五%都檢驗出被禁止的類固醇激素，而這些商品的外包裝上都未標示含有類固醇激素。這究竟是刻意添加還是在製造過程中不小心摻入的，我們不得而知，但我們必須特別注意來歷不明的營養補給品。

除此之外，像感冒藥這種市售成藥中，有些也含有運動禁藥物質。這些藥物能讓運動能力或訓練效果強到不公不義的程度，因而被體育界禁用，但不是因為對身體有不良影響才被禁止，這點請各位不要誤解。不光是營養補給品，其他像中藥或藥膳之類成分不明的東西我們也要多加留意。

選擇營養補給品時應考慮的重點

（1）擁有科學根據

對於宣稱具有營養補給效果的物質，我們必須思考是否具有客觀性、再現性的實驗、研究文獻可資證明。圖8-1表示我們該如何思考健康資訊的可信度，而運動所使用的營養補給品其效果的相關資訊，也能用相同模式思考。

首先，經驗分享或

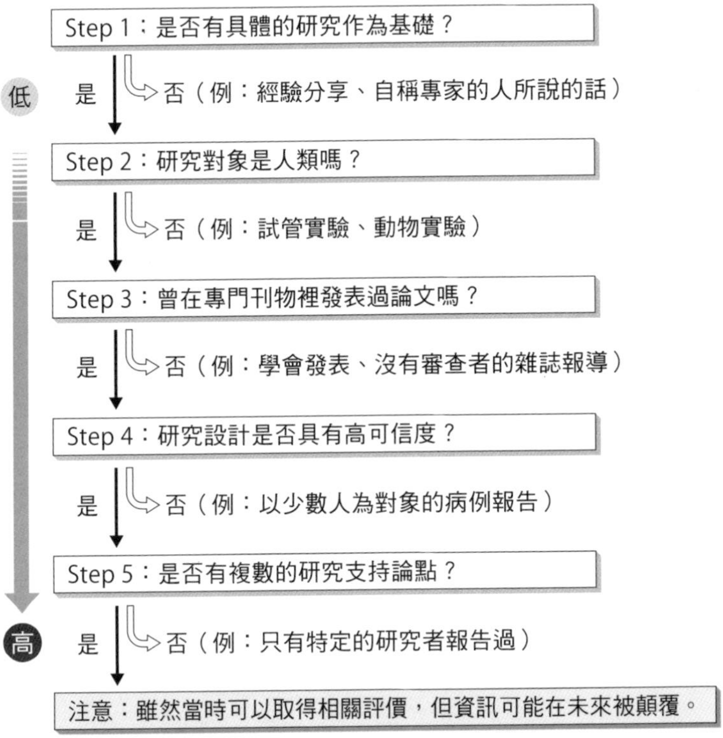

Step 1：是否有具體的研究作為基礎？
是
否（例：經驗分享、自稱專家的人所說的話）
Step 2：研究對象是人類嗎？
是
否（例：試管實驗、動物實驗）
Step 3：曾在專門刊物裡發表過論文嗎？
是
否（例：學會發表、沒有審查者的雜誌報導）
Step 4：研究設計是否具有高可信度？
是
否（例：以少數人為對象的病例報告）
Step 5：是否有複數的研究支持論點？
是
否（例：只有特定的研究者報告過）
注意：雖然當時可以取得相關評價，但資訊可能在未來被顛覆。
低
資訊的可信度
高

圖8-1 思考健康資訊可信度的流程圖。取自《健康營養食品諮詢人員教科書*》（暫譯），第一出版社出版。

＊ 原文書名為《健康・栄養食品アドバイザリースタッフ・テキストブック》。

使用者的話並不能稱為科學根據。

接著，關於學者解說的部分，我們最好謹慎地確認。舉例而言，即便是在大學或研究機構所進行的實驗，如果是試管實驗或動物實驗，其結果未必符合人類的情況。有些人一聽到「曾在某學會裡發表過」的關鍵字，就相信對方的研究結果正確無誤，可是學會發表只是研究過程中提出的報告，最後的結果還是可能改變。甚至連經過專家審查而刊登在專門刊物裡的科學論文，其可信度都還有待商榷。相較於以少數人為對象進行的實驗，以多數人為對象的實驗通常有比較高的可信度與再現性。

一般人要確認這些研究的真實性並不容易，但如果我們發現「宣傳該款營養補給品時總會出現同一位學者」，與其相信這種只由特定研究者支持、推薦的產品，有更多研究者支持的產品更能讓人信賴，這點也可以成為我們判斷的依據。

表8－1整理了一些容易誤以為是科學資訊的實例。

（2）深信不疑的效果

即使以人類作為實驗對象，因為實驗方法不同，可信度還是有所差異。

圖8－2的實驗讓受試者相信沒有任何效果的安慰劑是肌肉增強劑，讓一組受試者服用後

誤解的重要因素	被誤解的資訊實例
是動物實驗或是以人類為對象的實驗？	利用動物或肌肉的細胞、組織進行實驗，結果未必能適用於人類身上。
實驗的時期恰當嗎？	如果在運動量較少的期間，設計一項營養補給品的實驗，就會讓人誤以為消除疲勞情況良好是營養補給品帶來的效果。
觀察到的影響是否能充分說明我們獲得的效果？ 以直接方式還是間接方式作為評估指標？	攝取營養後，即便體脂肪消耗的熱量增加，但如果增加量沒有非常多，未必能有效減少體脂肪量。以增長肌肉為目的的營養補給品，其直接評估指標便是肌肉是否肥大。而血液中胺基酸濃度上升及蛋白質合成機能的亢進，則為肌肉肥大的間接評估指標，其變化情況未必能使肌肉達到充分的增長。從直接評估指標獲得的訊息可信度較高。
運動條件能適當地評估該營養品的作用嗎？	欲確認標榜防止低血糖且提高持久力的營養補給品其作用，必須在低血糖的情況下進行60～90分鐘的運動。若在血糖值不低的情況下進行短時間運動，這種實驗方法並不洽當。有些實驗不適合用來評估我們想調查的成分之生理機能。
是否有深信不疑的效果居中影響？	如果我們深信自己用的東西有效，就算實際上沒有作用，依然能展現出效果。根據報告指出：①讓對方相信自己服用了肌肉增強劑，就算是假藥也讓人肌力大增；②讓對方相信自己攝取了醣類食物，就能提高持久力；③讓對方相信營養品有消除疲勞的功效，運動時就能打破自己的紀錄。相較之下，如果讓對方相信營養品沒有消除疲勞的功用，其運動紀錄會愈來愈糟。

表8-1　容易誤解為科學資訊的實例

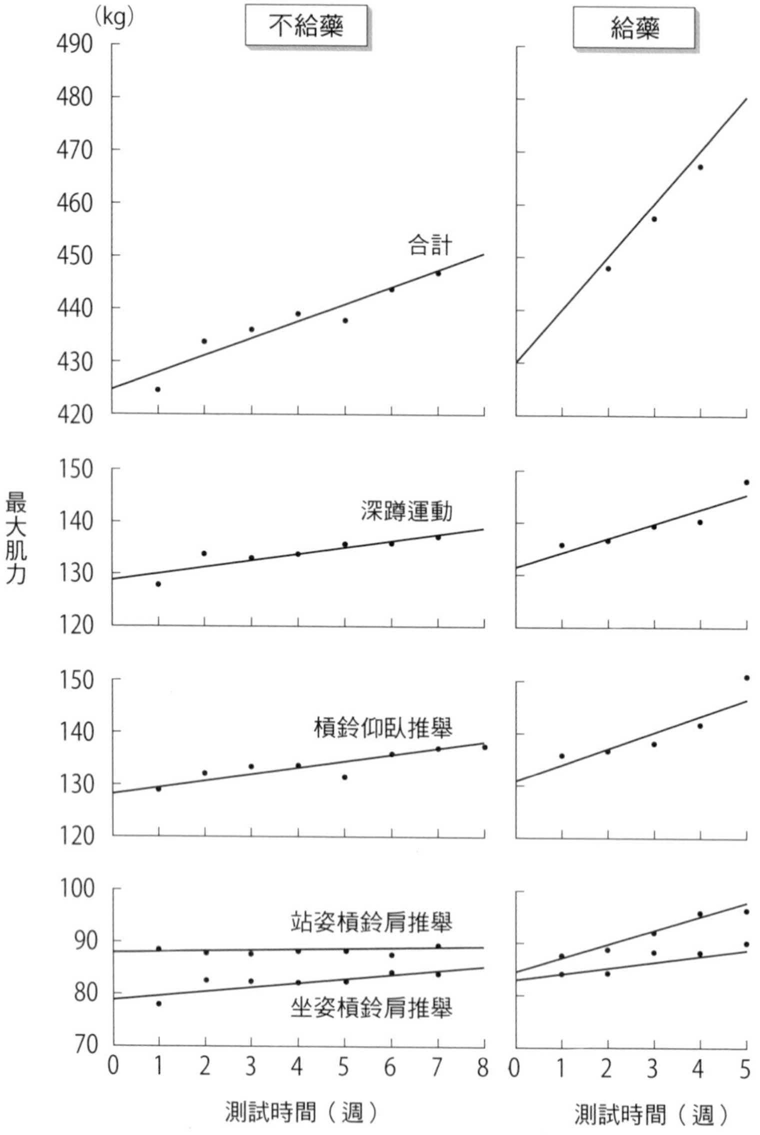

圖8-2 無效用的肌肉增強劑與訓練效果。根據Ariel G等學者於1972年的實驗結果。

進行訓練，而另一組受試者不服用即進行訓練，結果服用偽藥的受試者都肌力大增。

這項實驗說明，如果我們認為自己攝取的物質有效，就算實際上沒有作用，還是能出現效果。這種效果便稱為「安慰劑效應」（Placebo Effect）。

圖8－3的實驗表示人們對於攝取物質「深信不疑的效果」有正面和負面兩種反應。受試者經過連續三次三十公尺的衝刺奔跑以後，速度都下降了，之後科學家讓他們服用〇・二克內含澱粉的膠囊，這〇・二克澱粉並沒

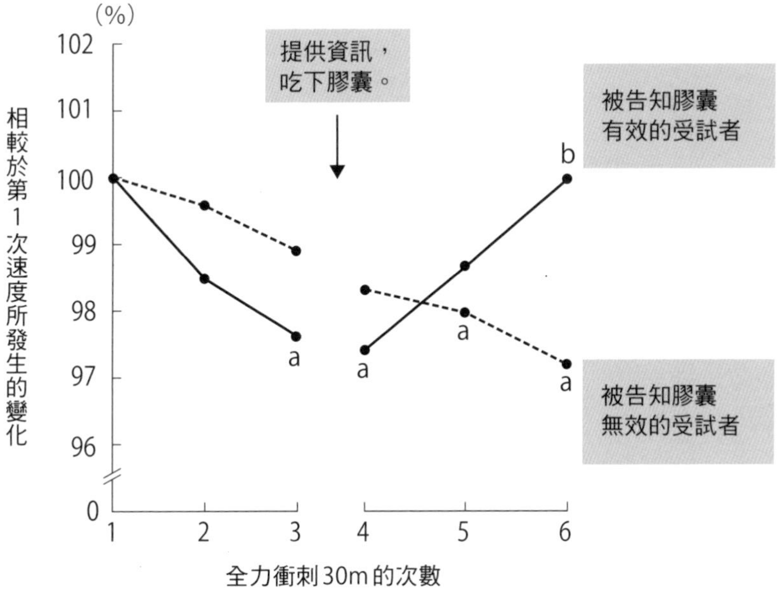

圖8–3　對受試者傳達膠囊效果的不同訊息與受試者運動能力的變化。a數值和第1次有明顯差距，b數值和第3、4次有明顯差距（P<0.05）。根據Beedie CJ等學者於2007年的研究。

有任何作用。所有受試者都不知道膠囊裡面裝什麼，其中一組被告知膠囊中的成分能有效恢復體力，另一組則被告知膠囊中的成分不具有恢復體力的效果。二十分鐘後再讓受試者進行三次三十公尺的全力衝刺，結果被告知膠囊有恢復效果的受試者，其速度恢復到一般水準；而被告知沒有恢復效果的受試者，奔跑速度持續下降。由此可知，不管我們認為攝取物質有沒有效，都會影響運動能力。

有時候人們會把這種「深信不疑的效果」誤以為是營養補給品的效果。

（3）主要評估項目與次要評估項目

如果用主觀指標來評估營養補給品，即使實際上沒有效果，有時候也會被判斷為有效，這點應該可以想像。不過，有時即使用客觀指標進行評估，實驗結果還是可能出現較低的可信度與再現性。

實驗中有所謂的「主要評估項目」與「次要評估項目」。例如研發心臟病新藥時，因心臟病而死亡的人是否減少就是新藥的「主要評估項目」，但是我們很難在短時間內確認死於心臟病的人是否減少，因此就用「次要評估項目」取代，評估藥物的效果。心臟病會造成高膽固醇血症、高血壓等問題，提高死亡的危險性。因此，如果藥物的作用能改善高膽固醇血症，就可

目的・效果	主要評估項目	次要評估項目
增加肌肉量	肌肉量	促進肌肉蛋白質之合成功能 血液裡的胺基酸濃度上升 活化肌肉蛋白質之合成路徑
減少體脂肪	體脂肪量	提高體脂肪分解酵素之活性 脂肪組織的脂肪分解功能亢進 血液中的甘油分子、游離脂肪酸濃度上升 脂肪氧化（當作熱量消耗掉）增加

表8-2　判斷營養補給品的效果與主要評估項目、次要評估項目。

能降低心臟病致死的風險。然而，改善高膽固醇血症之後，心臟病致死的危險性卻不見得一定會下降。

讓我們想想增加肌肉量的營養補給品實驗，在這項實驗裡，其「主要評估項目」為「肌肉量」是否增加，而「次要評估項目」如表8－2所示，這些都是與增加肌肉量有關的體內代謝之變化。然而，如第7章的圖7－8所示，肌肉蛋白質的合成與分解作用，在用餐後和絕食期間各有消長，因此，光憑「次要評估項目」來判斷攝取營養補給品就能提高肌肉蛋白質的合成作用，其可信度並不充足。

用來減少體脂肪的營養補給品，也不能保證其促進體脂肪分解的功能一定能減少體脂肪。而且，以減少體脂肪為目的的營養補給品，實驗上大多都是以肥胖的人為對象，但是對肥胖者有效的營養補給品，對於體型不胖卻又想瘦下來的人未必也有效，而且用於不想變胖的人身上時，也不一定有預防體脂肪堆積的效果。我們必須一一確認這些營養補給品是否都在適當的人身上實驗過。

營養補給品與食品

營養補給品中只具備種類有限的營養素，雖然能讓我們補充特定營養素，但要靠著營養補給品攝取所有的營養素並不實際。當身體營養素攝取不足時，應該重新檢討我們的飲食，而非依賴營養補給品，否則當我們停止攝取營養補給品時，又會再次發生營養不足的情況。

如圖8－4，營養和訓練、休息等必要條件都有助於提升運動能力，雖說運動能力提升了，卻未必能提高競技成績。不管是營養影響

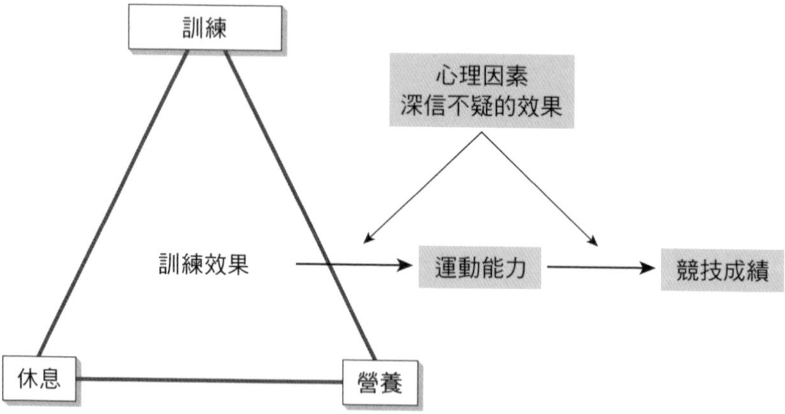

圖8－4　營養與競技成績沒有直接的因果關係。根據岡村等學者於2011年的研究。

運動能力，或者是運動能力影響競技成績，都關係到心理因素。換句話說，營養與競技成績沒有直接的因果關係。如果我們得知某位有名的運動員使用了某款營養補給品的資訊，必須思考該運動員能力變強的理由是不是因為使用了營養補給品。

營養補給品在攜帶性和保存性上擁有一般食品難以企及的優點。重要的是，我們應該透過可信的資料來源，綜合這些優點和營養學上的效果、經濟性再加以判斷。

第9章

運動營養學Q&A

關於運動營養學經常被提出的問題，這一章將以Q＆A的形式進行解說，希望各位能利用本章複習一下本書的內容。

Q 建構肌肉需要額外補充蛋白質嗎？

A 不一定需要。

只要能從飲食中攝取蛋白質就十分足夠了。營養補給品中的蛋白質成分，並不會提高肌肉訓練的效果，亦不促使身體建構肌肉。

如圖7－6所示，光增加蛋白質攝取量而不運動，並不會刺激肌肉生長，就算進行運動，攝取愈多蛋白質也不可能提高肌肉合成作用。

此外，當我們限制飲食致使熱量攝取不足時，即便攝取了蛋白質，蛋白質也會被當成熱量來源消耗掉，因此無法用來建構肌肉（圖3－1）。若想利用飲食攝取的蛋白質建構肌肉，體內必須要有足夠的熱量。

Q 爲什麼我做了肌力訓練卻不長肌肉呢？

A 可能是因為你吃的主食太少，熱量攝取不足的緣故。

前面我們提過，要想將飲食中的蛋白質用來合成肌肉，擁有充足的熱量便是必要條件。就算吃下蛋白質含量高的食物想用來增加肌肉，可是如果吃的主食太少，飲食中的熱量攝取不足，便無法促進肌肉合成。

Q 吃魚比吃肉還要好嗎？

A 兩者營養層面不同，不能說哪一種比較好。

從補充蛋白質的觀點來看，吃魚和吃肉並沒有差別（圖7－4）。肉和魚其營養上的差別，在於兩者脂肪種類不同。魚比肉含有更多的多元不飽和脂肪酸（圖9－1）。植物油當中含有大量多元不飽和脂肪酸，而魚的脂肪組成接近植物油。住在北極圈的愛斯基摩人平常吃的是高脂肪飲食，但卻少有心臟病的例子，一般認為這是因為他們攝取了大量魚油，魚油中含有EPA（二十碳五烯酸）和DHA（二十二碳六烯酸）等多元不飽和脂肪酸。

植物油含有大量多元不飽和脂肪酸，因此在常溫下仍能維持液態。魚的脂肪也富含多元不飽和脂肪酸，在低溫的海水中不會凝固。相對之下，動物性脂肪在常溫下凝結成固態，是因為與植物油和魚油的脂肪酸組成有異。

除此之外，魚比肉含有更多維生素D。

雖然營養層面上有所差異，但沒有證據可以說吃魚比吃肉更好。

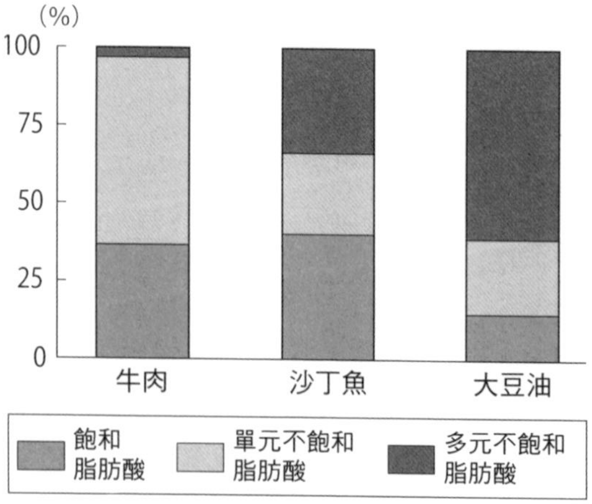

圖9−1　肉、魚、植物油之脂肪酸組成比較圖。

Q　爲什麼我做運動也無法減重？

A　如果攝取的熱量比消耗的熱量多，就無法減重。

即使藉由運動增加熱量消耗，但如果攝取的熱量比較多，體重仍舊無法減輕。

舉例來說，就算我們只運動一小時，體重也會減輕。但是，此時減輕的體重只是因為發汗而減少的水分，並非減少體脂肪。我們可以從表4－3和第4章「運動消耗掉的熱量」一節中所記述的方法，了解運動讓人消耗多少熱量。要用運動消耗熱量並不輕鬆。

七千大卡的熱量可累積一公斤的體脂肪，這不是一朝一夕累積起來的。減少這些脂肪需要一段時間，如果熱量消耗高於熱量攝取，體重一定會下降。一天少攝取五百大卡的熱量，二週就能減少一公斤體脂肪。請持之以恆地繼續下去，不要焦急。

Q 米飯或麵包之類的主食少吃一點比較好嗎？

A 主食是許多營養素的供給來源，並非愈少愈好。

吃太多食物會造成熱量過剩，使人肥胖，但這些食物並不僅限於米飯和麵包。雖說米飯和麵包含有許多碳水化合物，但少吃一點並不正確，這點我們在第1章就討論過。如圖1－7和圖1－8所示，主食是蛋白質為首的營養素供給源，如果減少主食，營養素的平衡就不完整了。因此，並非少吃點主食就比較有用。

Q 米飯和麵包哪一種比較好？

A 吃麵包容易攝取到比較多熱量。

我無法說哪一種比較好。不過，吃飯時可以直接吃白飯，但麵包往往會沾奶油或果醬，因此，吃麵包可能容易攝取到比較多的熱量。

Q 運動飲料稀釋後比較好嗎？

A 不要稀釋比較好。

訓練時消耗較多熱量的運動員，為了不在訓練中失去熱量，必須攝取碳水化合物。我們在第6章提過，市售運動飲料是特別調製的飲品，直接喝就能補充運動時需要的水分、碳水化合物、鈉離子，所以不建議稀釋過再喝。聽說有人因為運動飲料太甜而認為稀釋後比較好入口，但是研究發現，比起喝水，按自己的意思喝下大量運動飲料的人較多（根據Passe等學者的研究），況且運動後的實驗老鼠也不會大量飲用降低糖分濃度的運動飲料（根據池田等學者的研究）。

不過，**如果是以健康或瘦身為目的而運動，只要沒有因碳水化合物不足導致血糖值低下的情況，便沒有必要在運動時補充碳水化合物，也沒有必要喝含有碳水化合物的運動飲料**。此外，假如身體發汗量沒有那麼多，運動時也沒有少掉超過二％的體重，飲用運動飲料的必要性也不高。

Q 運動飲料會讓人發胖嗎？

A 運動飲料不是易胖飲料。

運動飲料的碳水化合物濃度為五％，比一般軟性飲料的十％更低。每五百毫升的運動飲料含有一百大卡的熱量，相對之下，每五百毫升的軟性飲料含有二百大卡的熱量。

當熱量攝取持續大於熱量消耗時，身體才會變胖。由於運動飲料中含有碳水化合物，雖不能說任你怎麼喝都不會胖，但運動飲料不會比軟性飲料更容易發胖。

Q 促進脂肪燃燒的運動飲料有意義嗎？

A 最好不要期待運動飲料有讓體脂肪轉眼間變少的效果。

只要維持長時間運動，就會刺激累積在脂肪組織中的脂肪進行分解，體脂肪分解產生脂肪酸，再透過血流運送到肌肉裡去，氧化後形成能量來源，產生能量。這段氧化過程也稱為「燃燒」。

第6章「運動後的必需營養與攝取方法」一節中曾說明過，每一次運動所消耗掉的體脂肪只有數十克，假設運動飲料能幫助脂肪燃燒程度增加到二倍，其增加量也不能讓我們真切感受到體重快速下降。保持運動習慣比較重要。

Q 碳酸飲料對身體有害嗎？

A 這沒有科學根據。

沒有科學證據顯示碳酸飲料對運動有不良影響。大量喝下含有強烈碳酸的飲料，或許令人充滿腹脹感，若說這會妨礙運動，其實是因為喝太多，而不是碳酸對身體的危害。

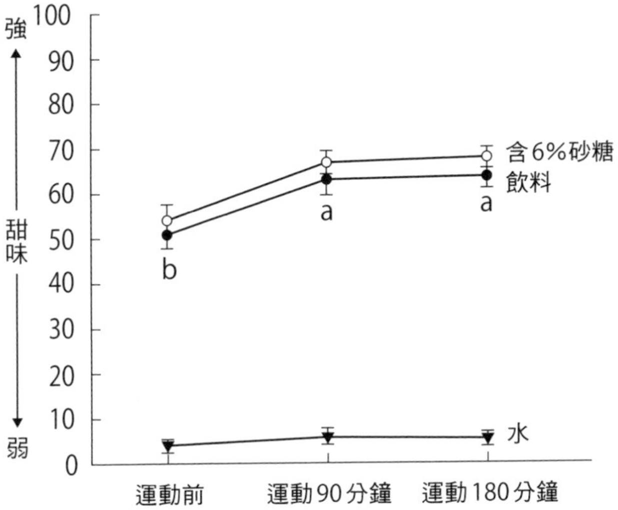

圖9–2　運動後會更強烈地感受到含糖飲料的甜味。根據Passe DH等學者於2000年的研究結果。

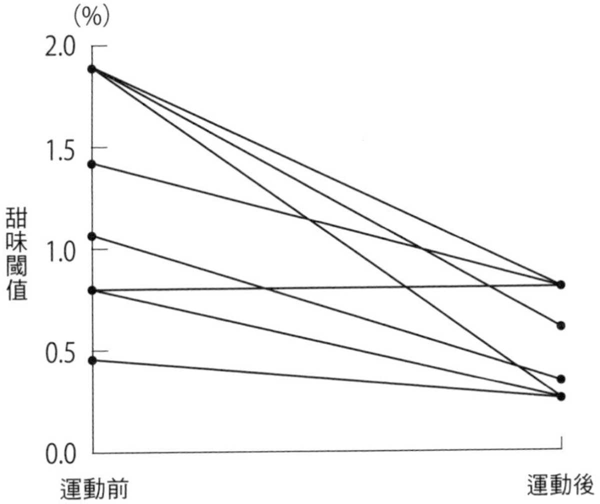

圖9–3　運動後甜味閾值會下降。根據岡村等學者於2008年的研究結果。

標準的運動飲料其碳水化合物濃度為六％，圖9－2顯示，運動時人體對於含六％砂糖的飲料所感受到的甜味比運動前更加強烈。身體一運動起來，甜味閾值便下降（圖9－3），對於低甜味的物質也能感受出甜味，因此在運動時會令人覺得甜味更強烈。

若身體因激烈的運動造成血糖值低落，就得補充碳水化合物（圖2－2）。碳酸讓人不容易感受到甜味，所以如果嫌運動飲料太甜而加水稀釋的話，改喝微碳酸運動飲料就可以不必稀釋。這麼做或許有助於補充身體所需的碳水化合物。

Q 喝礦泉水能有效補充水分嗎？

A 礦泉水的鈉離子濃度低，稱不上有效。

我們在圖6－3裡提過，補充水分需要鈉離子。理想的食鹽濃度為〇．一～〇．二％，相當於三九～七九毫克／一百毫升的鈉離子濃度。表9－1市售礦泉水中鈉離子濃度最高者只有二．九五毫克／一百毫升，遠低於理想濃度。營養成分方面，僅是「含有該成分」對人體並不足夠，「滿足人體需要量」才是重點。

第8章談過，我們必須注意礦物質中是否含有足夠的鈣質。鈣質的每日建議量為六百毫克，因此每一百克含有一百毫克鈣質的牛奶，可說非常有助於補充身體所需的鈣質。另一方面，我們從表9－1可以知道，喝礦泉水補充鈣質並不切實際。

此外，如表9－1所示，自來水中也含有礦物質。由於自來水是由河川及地下水淨化而來，所以裡面含有集水區土壤中的礦物質，自來水的味道會因礦物質含量與成分比例而有所不同。因此，來自各地的水別有一番滋味。

	鈉	鈣	鎂	鉀	硬度
A	0.4～1.0	0,6～1.5	0.1～0.3	0.1～0.5	約30
B	1.25	0.85	0.29	0.10	33.1
C	0.80	1.30	0.64	0.16	59
D	0.87	1.00	0.29	0.13	測不出來
E	2.95	0.65	0.37	0.08	32
F	1.16	1.15	0.80	0.62	60
G	0.70	8.00	2.60	－	304
H	1.13	0.64	0.54	0.18	38
I	0.77	9.40	2.00	0.50	315
J	0.94	46.8	7.45	0.28	1,448
K	1.18	15.5	0.68	0.13	401
S市的自來水	測不出來	0.79	0.33	0.17	測不出來

(mg/100ml)

表9－1 A～K牌礦泉水與S市自來水中的礦物質含量。

Q 不喝營養補給品就攝取不到運動訓練所需的營養素了嗎？

A 即使不喝營養補給品，也能充分攝取到營養素。

只要我們食用各式各樣的食品，攝取身體需要的熱量，就能攝取到運動訓練所需的營養素。所謂各式各樣的食品，包含主食、主菜、副菜、乳製品、水果等，其中主食、主菜、副菜的理想比例為三比一比二，詳細內容請參考第1章。

Q 大量攝取維生素和礦物質有效嗎？

A 並非攝取愈多愈有效。

大量補充維生素和礦物質不會提高運動能力或訓練的效果。一旦這些營養素不足，相關的身體機能便會出問題，但多加攝取卻不會提高相關機能。有時身體反而因為營養過剩而出毛病，請注意別過量攝取。

Q 含酒精飲料喝多少才是適量？

A 不要喝到妨礙正餐或吃下太多正餐的程度即可。

喝酒導致肥胖，很大的原因是吃太多所造成的。因為含酒精飲料會提高我們的食慾，造成喝了酒以後還能吃下拉麵等食物。

不過，喝太多酒反而有損我們正常攝食的心情。也會破壞我們好不容易透過運動訓練所建立的成果。

一般而言，適量飲酒一天平均可以喝二十克的純酒精，最多四十～五十克。請參考表9－2的酒精含量。酒精在體內代謝之後會形成水和碳水化合物，平均一公斤體重一小時可處理〇．一克的酒精。表9－2也列出了喝下酒精性飲料後需要的處理時間。由表可知，若前一天喝酒喝到很晚，喝下肚的酒精可能直到隔天早上都還沒代謝完畢。

	飲用量（g）	酒精含量（g）	代謝酒精所需要的時間（小時） 體重		
			40kg	60kg	80kg
啤酒（1罐350ml）	353	16.2	4.1	2.7	2.0
日本酒（中玻璃杯1杯）	180	22.1	5.5	3.7	2.8
葡萄酒（葡萄酒杯1杯）	100	9.3	2.3	1.6	1.2
燒酒（大玻璃杯1杯）	190	39.0	9.8	6.5	4.9
威士忌（小玻璃杯1杯）	30	10.0	2.5	1.7	1.3

身體代謝酒精能力為0.1g/kg體重/小時

表9－2　代謝酒精所需要的時間。

終章 日常生活中多做運動

肥胖不是問題，體力才是問題

對於上健身房運動的人而言，「不想變胖」「希望瘦下來」應該可以列入前幾名的願望，另外認為肥胖有害健康的人也非常多。

判斷一個人是否肥胖，其中一項指標是「身體質量指數」。圖10－1調查了身體質量指數、被當作運動能力指標的心肺功能兩者與生存率之間的關係。這項調查平均追蹤時間為十五年（標準差七．九年），調查人數總計三六七一〇人年[4]，其中一七九人死於心臟病。

圖10－1A表示身體質量指數與生存率之間的關係。圖中可見，身體質量指數高的人、也就是肥胖的人，其生存率比較低，換句話說，這些人的壽命不長。另一方面，圖10－1B顯示心肺功能低的人也不長壽。調查中最有趣的是圖10－1C，若結合身體質量指數與心肺功能加以分類，肥胖但心肺功能強的人活得久，相形之下，不胖但心肺功能弱的人活得較短。

接下來讓我們看看圖10－2。這張圖表現出心肺功能與體格將如何影響人們死於心血管疾病的風險（精確來說，假設在標準體重下，心肺功能強的第二型糖尿病患者，其死於心血管疾

4　一人年（person—years）＝以一人為對象觀察一年的單位。流行病學研究某項疾病時，假設對十人觀察二年，對另外的三十人觀察四年，則調查人數總計10×2＋30×4＝140人年。

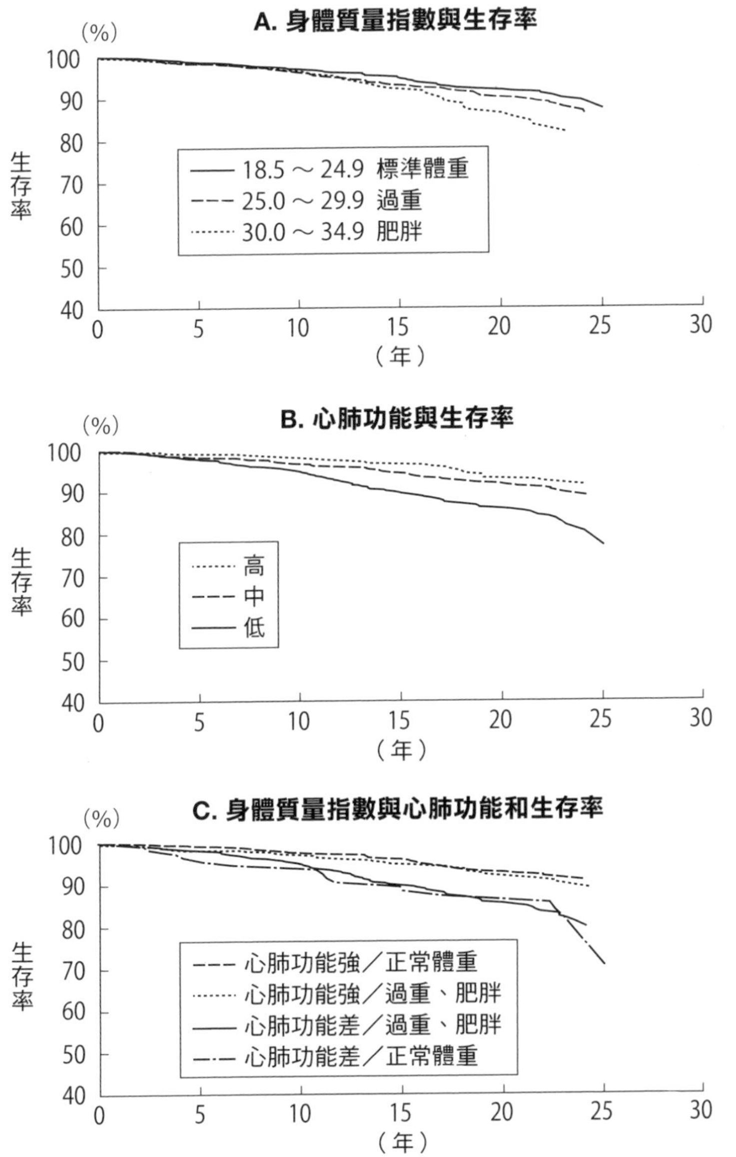

圖 10–1 身體質量指數（BMI）及心肺功能與生存率的關係。根據 Church TS 等學者於 2005 年的統計。

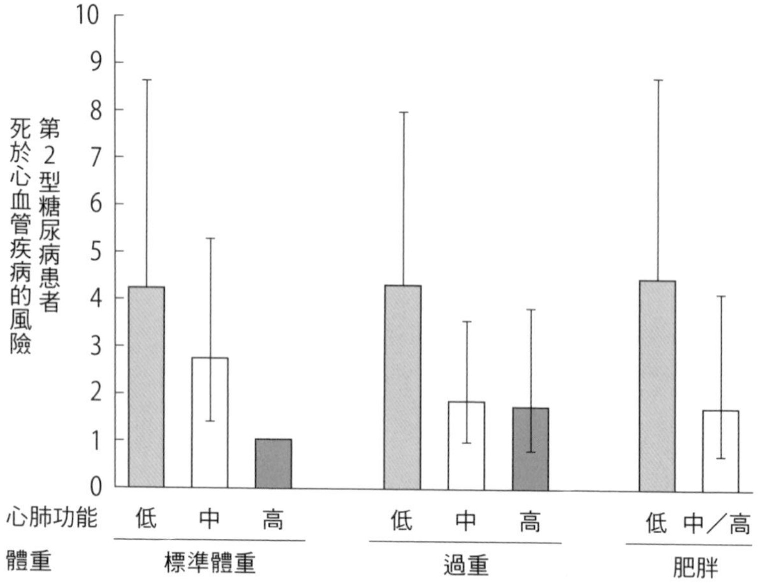

圖10-2　以心肺功能和身體質量指數分類時，患者死於心血管疾病的風險。根據Blair SN於2009年的研究結果。

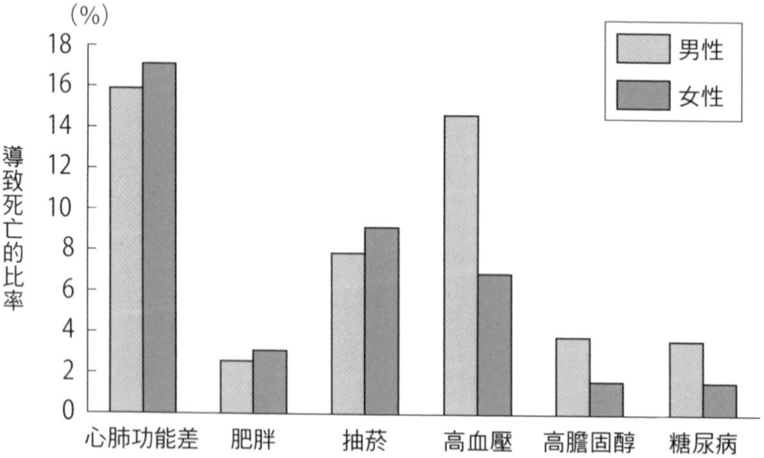

圖10-3　各項因素導致死亡的比率。根據Blair SN於2009年的研究結果。

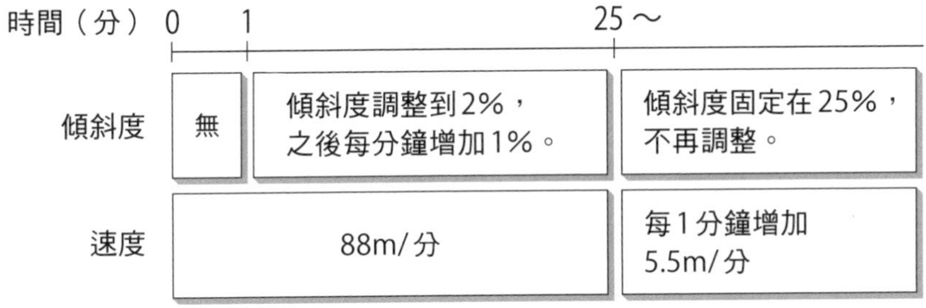

圖10－4 心肺功能的測定方式。根據Church TS等學者於2001年的實驗。

病的風險為一，那麼我們將標準體重、過重、肥胖再依心肺功能加以細分，表示各種分類下的患者死於心血管疾病的風險）。體重標準卻心肺功能弱的患者，死亡風險比心肺功能強的患者更高。但若肥胖卻擁有較強的心肺功能，死亡風險並不高。

這些調查的結果顯示，相較於肥胖與否，心肺功能的強弱更能影響身體的健康狀態。

而且圖10－3讓人更容易理解，圖中表示各項因素導致死亡的比率。如各位所見，無論是男性或是女性，在各項因素中，心肺功能差的致死率最高，而肥胖的致死率並不高。

這些研究中的心肺功能是讓研究對象在跑步機上運動後再判斷結果。讓研究對象運動時，跑步機在最初的一分鐘保持平坦狀態，接著調成快走模式（分速八十八公尺），直到二十五分鐘以前會讓跑步機的傾斜度愈來愈大，二十五分鐘以後則在該傾斜度下提高速度（圖10－4）。基準如表10－

1所示，雖然有年齡上的差別，但若能快步在斜坡上行走十五～二十分鐘以上，心肺功能都會變強。

心肺功能簡單來說等於體力，換言之，肥胖本身並不會造成健康上的問題，沒有體力的問題比較嚴重。

年齡	心肺功能	運動時間（分：秒）
20～39	低 中 高	～15:00 15:01～20:20 20:21～
40～49	低 中 高	～13:30 13:31～19:00 19:01～
50～59	低 中 高	～11:00 11:01～16:00 16:01～
60～	低 中 高	～ 7:40 7:46～13:04 13:05～

表10-1　判定心肺功能。根據Church TS等學者於2001年的研究結果。

飲食瘦身與運動瘦身不一樣

據說日本大約有二千萬的糖尿病患者與潛在患者。之所以造成糖尿病，是因為體內用來降低血糖值的胰島素功能有問題。胰島素具有擴張血管的作用，而肥胖和糖尿病都會妨礙胰島素的血管擴張作用，導致身體的血糖值很難降下來。

只要身體減重，血糖值便會下降。那麼，用減少食量的方式減重，和運動減重，哪一種比較好？

圖10－5利用老鼠進行實驗，科學家將因過量飲食導致身體肥胖、胰島素功能變差、罹患第二型糖尿病的老鼠分成三組，調查飲食限制與運動對牠們的影響。三組分別是：

①對照組：不限制老鼠的飲食，也不讓老鼠運動。

②運動組：讓老鼠自由地在滾輪上跑。

③熱量限制組：不讓老鼠運動，但控制老鼠的食量，使牠們的體重與運動組老鼠一致。

運動組的老鼠年齡到了十週時，行走距離最長，一天平均能走十．九公里。年紀到了四十週時，一天的行走距離便降至三．六公里。老鼠滿三週就會離乳，七週性成熟，壽命二年至二年半，因此這份研究大約橫跨了老鼠的成長期到中年期這段時間。

讓我們看看實驗結束的第四十週。

體重與體脂肪率方面，運動組與熱量限制組都比對照組低。不過，代表胰島素功能的血糖曲線下面積（圖10－5C），運動組比對照組的數值小，表示胰島素功能良好；相較之下，熱量限制組和對照組則無差別，表示胰島素功能不佳。

換句話說，光靠減少食量的減重方式，和運動減重的方式比起來，後者對身體比較健康。

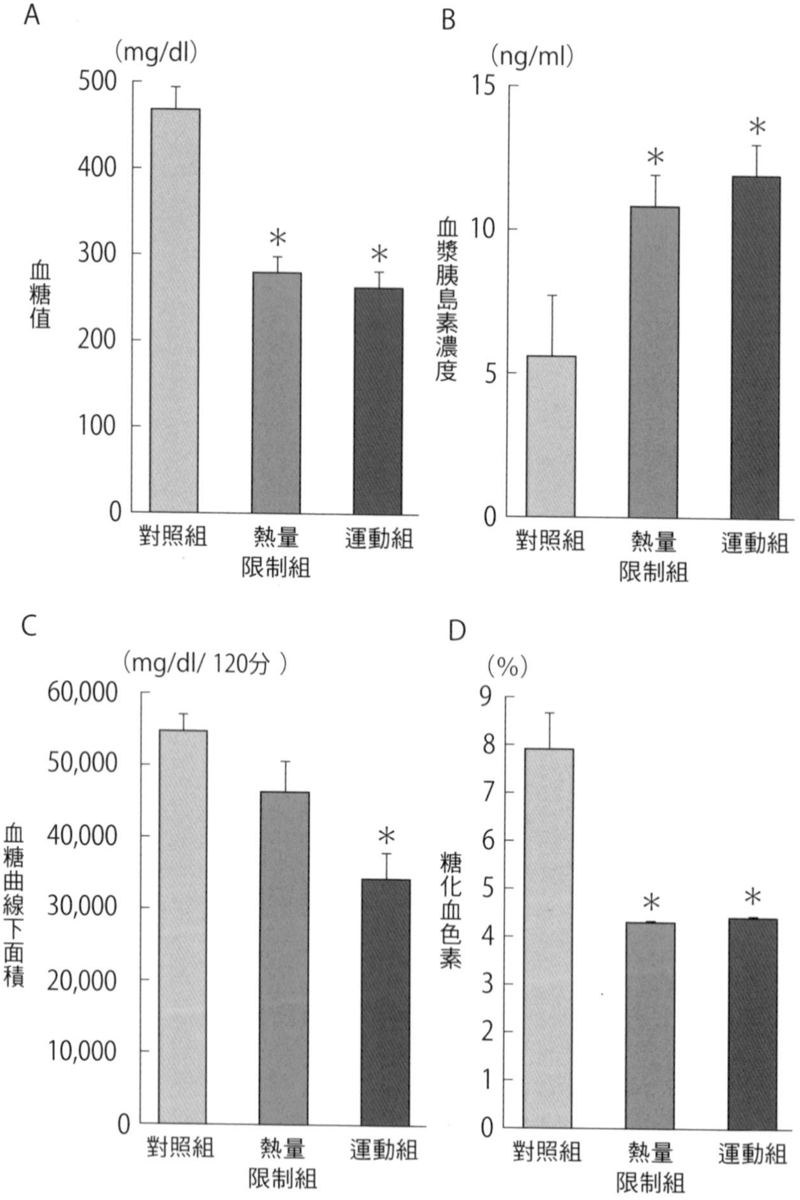
A
(mg/dl)
500
400
300
200
100
0
血糖值
*
*
對照組
熱量限制組
運動組
B
(ng/ml)
15
10
5
0
血漿胰島素濃度
*
*
對照組
熱量限制組
運動組
C
(mg/dl/ 120分)
60,000
50,000
40,000
30,000
20,000
10,000
0
血糖曲線下面積
*
對照組
熱量限制組
運動組
D
(%)
9
8
7
6
5
4
3
2
1
0
糖化血色素
*
*
對照組
熱量限制組
運動組

在日常生活中運動的重要性

研究出圖10－1～圖10－3的學者史蒂芬・布萊爾這麼說：「當醫師說明運動的好處時，往往會說：『運動有助於減重，對身體很好喔！』可是這項訊息並不正確。日常生活中多運動當然有助於我們管理體重，但運動是否能讓我們減重並不重要，對健康的重要性才是重點」。

各國為了預防、治療代謝症候群患者，設置了特殊健檢、保健指導門診，其主要目的在於防止、改善過度肥胖的情形，對患者進行飲食和運動的指導。

光憑飲食控制也可以讓身體瘦下來，但若要提高心肺功能等體力狀態，非靠運動不可。將運動融入日常生活當中，平常多動一動身體，對於維持健康是很重要的事。

圖10-5（右頁） 熱量限制與運動對於有遺傳性糖尿病的老鼠之血糖值、血漿胰島素濃度、血糖曲線下面積以及糖化血色素的影響。＊記號者與對照組有顯著差異。根據Mikus CR等學者於2010年的研究。
不管是熱量限制組或是運動組，兩組老鼠在絕食狀態下，其血糖值（圖10-5A）與糖化血色素（圖10-5D）都降低了，而且血漿胰島素濃度（圖10-5B）也改善了。然而，就血糖曲線下面積部分（圖10-5C），相較於數值減少的運動組，熱量限制組的數值卻沒有下降。由於血糖曲線下面積為身體處理醣類的能力指標，因此科學家對老鼠餵食醣類食物後才測量。餵食醣類食物後，老鼠的血糖值升高，但不久便恢復到餵食前的水準。把血糖值的變化畫成曲線圖，就是血糖曲線，而血糖曲線下面積便是計算餵食後曲線上升的面積。血糖曲線下面積減少，表示身體對醣類的處理能力提高，也就是胰島素功能變好了。運動瘦身能強化胰島素功能，相較之下，用限制熱量的方式瘦身，卻不會增強胰島素功能。

成立日本體育協會的嘉納治五郎，其成立宗旨上寫著：「一國之興衰，在於國民的精神充實與否。國民的精神充實與否，則與國民的體力有巨大關聯。而國民的體力，又依恃在每位國民及相關機構、團體對體育（運動）一事之重要性有何認知」，為了振興體育，嘉納治五郎致力於參加奧運。

澳洲現在是運動大國，然而，澳洲在一九七六年的蒙特婁奧運中卻獲得〇金、一銀、四銅的成績，當時國民對運動漠不關心，而政府卻擔憂國民的健康可能在未來遭受損害。澳洲政府認為，若能提高本國在國際上的運動競技能力，國民對運動的關心度也會提高，於是設立了澳洲運動科學研究所。

兩國皆抱持著相同的哲學，認為讓國民運動身體對於增進健康至關重要，這是兩者的共通之處，設立運動機構的目的並不是為了在奧運中奪金。

特別是在容易運動不足的現代社會，人們為了促進健康而運動，這點具有很重要的意義。可是，即使經常運動，如果營養、飲食不當，不但得不到運動帶來的效果，無法促進身體健康，反而對身體有害。

本書介紹了許多關於營養攝取和飲食的方法，並說明如何進行安全而有效的運動，希望或多或少能在讀者們運動時有所幫助。

【參考文獻】

- Almond CS1, Shin AY, Fortescue EB, Mannix RC, Wypij D, Binstadt BA, Duncan CN, Olson DP, Salerno AE, Newburger JW, Greenes DS. Hyponatremia among runners in the Boston Marathon. N Engl J Med. 2005 ;352(15):1550-6.
- Ariel G, Saville W. Anabolic steroids: the physiological effects of placebos. Med Sci Sports Exerc. 1972;4:124-6.
- Beedie CJ, Coleman DA, Foad AJ. Positive and Negative Placebo Effects Resulting From the Deceptive Administration of an Ergogenic Aid. Int J Sport Nutr and Exerc Metab. 2007, 17:259-69.
- Bergström J, Hermansen L, Hultman E, Saltin B. Diet, muscle glycogen and physical performance. Acta Physiol Scand. 1967 Oct-Nov;71(2):140-50.
- Blair SN. Physical inactivity: the biggest public health problem of the 21st century. Br J Sports Med 2009;43:1-2.
- Bosy-Westphal A, Kossel E, Goele K, Later W, Hitze B, Settler U, Heller M, Glüer CC, Heymsfield SB, Müller MJ. Contribution of individual organ mass loss to weight loss-associated decline in resting energy expenditure. Am J Clin Nutr. 2009 Oct;90(4):993-1001.
- Church TS, LaMonte MJ, Barlow CE, Blair SN. Cardiorespiratory fitness and body mass index as predictors of cardiovascular disease mortality among men with diabetes. Arch Intern Med. 2005 Oct 10;165(18):2114-20.
- Church TS, Kampert JB, Gibbons LW, Barlow CE, Blair SN.Am J Cardiol. Usefulness of cardiorespiratory fitness as a predictor of all-cause and cardiovascular disease mortality in men with systemic hypertension. 2001 Sep 15;88(6):651-6.
- Costill DL, Miller JM. Nutrition for endurance sport: carbohydrate and fluid balance. Int J Sports Med. 1980;1:2-14.

- Coyle EF1, Montain SJ. Carbohydrate and fluid ingestion during exercise: are there trade-offs? Med Sci Sports Exerc. 1992 Jun;24(6):671-8.
- Coyle EF, Coggan AR, Hemmert MK, Ivy JL.J Appl Physiol (1985). Muscle glycogen utilization during prolonged strenuous exercise when fed carbohydrate. 1986 Jul;61(1):165-72.
- Drinkwater BL, Nilson K, Chesnut CH 3rd, Bremner WJ, Shainholtz S, Southworth MB. Bone mineral content of amenorrheic and eumenorrheic athletes. N Engl J Med. 1984 Aug 2;311(5):277-81.
- Esmarck B, Andersen JL, Olsen S, Richter EA, Mizuno M, and Kjær M. Timing of postexercise protein intake is important for muscle hypertrophy with resistance training in elderly humans. J Physiol. 2001; 535: 301–311.
- Fiatarone MA, Marks EC, Ryan ND, Meredith CN, Lipsitz LA, Evans WJ.High-intensity strength training in nonagenarians. Effects on skeletal muscle.JAMA. 1990;263:3029-34.
- Forbes GB. Body fat content influences the body composition response to nutrition and exercise. Ann N Y Acad Sci. 2000 ;904:359-65.
- Hamilton MT, Gonzalez-Alonso J, Montain SJ, Coyle EF. Fluid replacement and glucose infusion during exercise prevent cardiovascular drift. J Appl Physiol (1985). 1991;71(3):871-7.
- Hill JO, Sparling PB, Shields TW, Heller PA. Effects of exercise and food restriction on body composition and metabolic rate in obese women. Am J Clin Nutr. 1987 Oct;46(4):622-30.
- 池田香代、岡村浩嗣「運動後のラットのショ糖溶液に対する嗜好の変化が体水分及び組織グリコーゲンの回復に及ぼす影響」体力科学, 2008; 57: 533-540.
- 井上なぎさ、岡田佐知子、岡村浩嗣「一人暮らしの中高齢者のための簡便な朝食の検討.」ライフケアジャーナル、2008; 1: 42-47.
- Ivy JL, Katz AL, Cutler CL, Sherman WM, Coyle EF. Muscle glycogen synthesis after exercise: effect of time of carbohydrate ingestion. J Appl Physiol . 1988;64:1480-5.

- Juillet B, Fouillet H, Bos C, Mariotti F, Gausserès N, Benamouzig R, Tomé D, Gaudichon C. Increasing habitual protein intake results in reduced postprandial efficiency of peripheral, anabolic wheat protein nitrogen use in humans. Am J Clin Nutr. 2008 ;87 :666-78.
- Karlsson J, Saltin B. J Appl Physiol. Diet, muscle glycogen, and endurance performance. 1971 Aug;31(2):203-6.
- Kondo E, Inoue N, Okada S, Yaji K, Hirota A, Okamura K. Post-exercise meal timing alleviates decreased protein efficiency for skeletal muscle growth in rats fed high-protein diet. FASEB J 2008; 22: 869.4.
- Kriketos AD, Baur LA, O'Connor J, Carey D, King S, Caterson ID, Storlien LH. Muscle fibre type composition in infant and adult populations and relationships with obesity. Int J Obes Relat Metab Disord. 1997 ;21:796-801.
- Lemon PW, Mullin JP. Effect of initial muscle glycogen levels on protein catabolism during exercise. J Appl Physiol Respir Environ Exerc Physiol. 1980 ;48:624-9.
- Levenhagen DK, Gresham JD, Carlson MG, Maron DJ, Borel MJ, Flakoll PJ. Postexercise nutrient intake timing in humans is critical to recovery of leg glucose and protein homeostasis. Am J Physiol Endocrinol Metab. 2001 ;280:E982-93.
- Lovelady CA, Bopp MJ, Colleran HL, Mackie HK, Wideman L. Effect of exercise training on loss of bone mineral density during lactation. Med Sci Sports Exerc. 2009 ;41:1902-7.
- Mayer J, Roy P, Mitra KP. Relation between caloric intake, body weight, and physical work : studies in an industrial male population in West Bengal. Am J Clin Nutr 1956; 4 :169-175.
- Mayer J, Marshall NB, Vitale JJ, Christensen JH, Mashayekhi MB, Stare FJ. Exercise, food intake and body weight in normal rats and genetically obese adult mice. Am J Physiol. 1954 ;177:544-8.
- Mikus CR, Rector RS, Arce-Esquivel AA, Libla JL, Booth FW, Ibdah JA, Laughlin MH, Thyfault JP. Daily physical activity enhances reactivity to insulin in skeletal muscle arterioles of hyperphagic Otsuka Long-Evans Tokushima Fatty rats. J Appl Physiol . 2010;109:1203-10.
- Millward DJ, Bowtell JL, Pacy P, Rennie MJ. Physical activity, protein metabolism and protein requirements. Proc Nutr Soc. 1994 ;53:223-40.

- Moore DR, Robinson MJ, Fry JL, Tang JE, Glover EI, Wilkinson SB, Prior T, Tarnopolsky MA, Phillips SM. Ingested protein dose response of muscle and albumin protein synthesis after resistance exercise in young men. Am J Clin Nutr. 2009 ;89:161-8.
- Moore DR, Del Bel NC, Nizi KI, Hartman JW, Tang JE, Armstrong D, Phillips SM. Resistance training reduces fasted- and fed-state leucine turnover and increases dietary nitrogen retention in previously untrained young men. J Nutr. 2007 ;137:985-91.
- 中井誠一、芳田哲也、赤本明、岡本直輝、森本武利「運動時の発汗量と水分摂取量に及ぼす環境温度(WBGT)の影響、体力科學、1994; 432: 283-9.
- Nose H, Morita M, Yawata T, Morimoto T. Recovery of blood volume and osmolality after thermal dehydration in rats. Am J Physiol. 1986 ;251:R492-8.
- 岡村浩嗣 編著「市民からアスリートまでのスポーツ栄養学」八千代出版, 2011
- 岡村浩嗣、宮崎（金原）志帆「甘味、塩味、酸味および苦味の閾値に対する運動の影響」臨床スポーツ医学, 2007 ; 24: 233-238.
- Okamura K, Doi T, Hamada K, Sakurai M, Matsumoto K, Imaizumi K, Yoshioka Y, Shimizu S, Suzuki M. Am J Physiol. Effect of amino acid and glucose administration during postexercise recovery on protein kinetics in dogs. 1997 ;272:E1023-30.
- Okuno T, Yawata T, Nose H, Morimoto T. Difference in rehydration process due to salt concentration of drinking water in rats. J Appl Physiol. 1988 ;64:2438-43.
- Passe DH, Horn M, Murray R.Appetite. Impact of beverage acceptability on fluid intake during exercise. 2000 ;35:219-29.
- Parise G, Yarasheski KE. The utility of resistance exercise training and amino acid supplementation for reversing age-associated decrements in muscle protein mass and function. Curr Opin Clin Nutr Metab Care. 2000 ;3:489-95.
- Pratley R, Nicklas B, Rubin M, Miller J, Smith A, Smith M, Hurley B, Goldberg A. Strength training increases resting metabolic rate and norepinephrine levels in healthy 50- to 65-yr-old men. J Appl Physiol. 1994;76:133-7.
- Price GM, Halliday D, Pacy PJ, Quevedo MR, Millward DJ. Nitrogen homeostasis in man: influence of protein intake on the amplitude of diurnal cycling of body nitrogen. Clin Sci (Lond). 1994 ;86:91-102.

- Suzuki M, Doi T, Lee SJ, Okamura K, Shimizu S, Okano G, Sato Y, Shimomura Y, Fushiki T. Effect of meal timing after resistance exercise on hindlimb muscle mass and fat accumulation in trained rats. J Nutr Sci Vitaminol. 1999;45:401-9.
- Suzuki M, Satoh Y, Hashiba N. Effect of voluntary running exercise on hypertriacylglycerolemic effect of sucrose in relation to its feeding timing in rats. J Nutr Sci Vitaminol. 1983 Dec;29(6):663-70.
- Suzuki M, Hashiba N, Kajuu T. Influence to timing of sucrose meal feeding and physical activity on plasma triacylglycerol levels in rat. J Nutr Sci Vitaminol. 1982;28(3):295-310.
- Tai S, Tsurumi Y, Yokota Y, Masuhara M, Okamura K. Effects of rapid or slow body mass reduction on body composition in adult rats. J Clin Biochem Nutr. 2009 ;45:185-92.
- Tarnopolsky MA, Atkinson SA, MacDougall JD, Chesley A, Phillips S, Schwarcz HP. Evaluation of protein requirements for trained strength athletes. J Appl Physiol .1992;73:1986-95.
- Thompson JL, Manore MM, Skinner JS, Ravussin E, Spraul M. Daily energy expenditure in male endurance athletes with differing energy intakes. Med Sci Sports Exerc. 1995;27:347-54.
- Tzankoff SP, Norris AH. Effect of muscle mass decrease on age-related BMR changes. J Appl Physiol Respir Environ Exerc Physiol. 1977 ;43:1001-6.

ㄩ

ㄕ

ㄖ

ㄗ

ㄙ

ㄢ

ㄦ

ㄧ

ㄨ

【索引】

國家圖書館出版品預行編目（CIP）資料

運動營養學超入門：提升運動成效最重要的是正確的營養補給知識／岡村浩嗣著；游念玲譯.
-- 二版. -- 臺中市：晨星, 2021.05
面；　公分. --（知的！；93）

譯自：ジムに通う人の栄養学

ISBN 978-986-5582-25-8（平裝）

1. 運動營養學

528.9013　　110002161

知的！93

運動營養學超入門（暢銷修訂版）

提升運動成效最重要的是正確的營養補給知識

ジムに通う人の栄養学

作者　岡村浩嗣
內文圖　さくら工芸社
譯者　游念玲
編輯　劉冠宏、吳雨書
校對　游珮君、吳雨書
封面設計　陳語萱
美術設計　黃偵瑜

創辦人　陳銘民
發行所　晨星出版有限公司
407台中市西屯區工業30路1號1樓
TEL：04-23595820　FAX：04-23550581
行政院新聞局局版台業字第2500號
法律顧問　陳思成律師
初版　西元2016年2月1日
二版　西元2021年5月15日
西元2022年12月15日（二刷）

讀者服務專線　TEL：02-23672044 / 04-23595819#212
讀者傳真專線　FAX：02-23635741 / 04-23595493
讀者專用信箱　E-mail：service@morningstar.com.tw
網路書店　http：//www.morningstar.com.tw
郵政劃撥　15060393（知己圖書股份有限公司）
印刷　上好印刷股份有限公司

定價350元

ISBN 978-986-5582-25-8
《JIMU NI KAYOU HITO NO EIYOUGAKU》

◆讀者回函卡◆

以下資料或許太過繁瑣，但卻是我們瞭解你的唯一途徑

誠摯期待能與你在下一本書中相逢，讓我們一起從閱讀中尋找樂趣吧！

姓名：＿＿＿＿＿＿＿＿＿ 性別：□ 男 □ 女 生日：＿＿／＿＿／＿＿

職業：□ 學生 □ 教師 □ 內勤職員 □ 家庭主婦 □ 軍警 □ 企業主管 □ 服務業

□ 製造業 □ SOHO 族 □ 資訊業 □ 醫藥護理 □ 銷售業務 □ 其他＿＿＿＿＿＿

E-mail：＿＿＿＿＿＿＿＿＿＿＿＿＿＿ 聯絡電話：＿＿＿＿＿＿＿＿＿＿

聯絡地址：□□□ ＿＿＿＿＿＿＿＿＿＿＿＿＿＿＿＿＿＿＿＿＿＿＿＿

購買書名：運動營養學超入門（暢銷修訂版）：提升運動成效最重要的是正確的營養補給知識

• 誘使你購買此書的原因？

□ 於＿＿＿＿＿＿＿＿書店尋找新知時 □ 看＿＿＿＿＿＿＿＿報紙／雜誌時瞄到

□ ＿＿＿＿＿＿＿＿電台 DJ 熱情推薦 □ 親朋好友拍胸脯保證 □ 受海報或文案吸引

□ 電子報 □ 晨星勵志館部落格／粉絲頁 □ 看＿＿＿＿＿＿＿＿＿部落格版主推薦

□ 其他編輯萬萬想不到的過程：＿＿＿＿＿＿＿＿＿＿＿＿＿＿＿＿＿

• 本書中最吸引你的是哪一篇文章或哪一段話呢？＿＿＿＿＿＿＿＿＿＿＿＿＿＿

• 你覺得本書在哪些規劃上還需要加強或是改進呢？

□ 封面設計 □ 版面編排 □ 字體大小 □ 內容

□ 文／譯筆 □ 其他＿＿＿＿＿＿＿＿＿＿＿＿＿＿＿＿＿＿＿＿＿＿＿

• 美好的事物、聲音或影像都很吸引人，但究竟是怎樣的書最能吸引你呢？

□ 價格殺紅眼的書 □ 內容符合需求 □ 贈品大碗又滿意 □ 我誓死效忠此作者

□ 晨星出版，必屬佳作！ □ 千里相逢，即是有緣 □ 其他原因＿＿＿＿＿＿＿＿＿

• 你與眾不同的閱讀品味，也請務必與我們分享：

□ 心靈勵志 □ 未來趨勢 □ 成功故事 □ 自我成長 □ 宗教哲學 □ 正念禪修

□ 財經企管 □ 社會議題 □ 人物傳記 □ 心理學 □ 美容保健 □ 親子教養

□ 兩性關係 □ 史地□ 休閒旅遊 □ 智慧格言 □ 其他＿＿＿＿＿＿＿＿

• 你最常到哪個通路購買書籍呢？ □ 博客來 □ 誠品 □ 金石堂 □ 其他＿＿＿＿＿＿

• 你最近想看哪一位作者的書籍作品？＿＿＿＿＿＿＿＿＿＿＿＿＿＿＿＿＿＿

• 請推薦幾個你最常看的部落格或網站？＿＿＿＿＿＿＿＿＿＿＿＿＿＿＿＿＿

以上問題想必耗去你不少心力，為免這份心血白費

請務必將此回函郵寄回本社，或傳真至（04）2359-7123，感謝！

若行有餘力，也請不吝賜教，好讓我們可以出版更多更好的書！

• 其他意見：

晨星出版有限公司 編輯群，感謝你！

請填妥後對折裝訂，貼妥郵票後寄出即可

郵票

407
台中市工業區 30 路 1 號

晨星出版有限公司

知的編輯組

請沿虛線摺下裝訂，謝謝！

更方便的購書方式：

(1) 網站：http://www.morningstar.com.tw

(2) 郵政劃撥 帳號：15060393

戶名：知己圖書股份有限公司

請於通信欄中註明欲購買之書名及數量

(3) 電話訂購：如為大量團購可直接撥客服專線洽詢

也可至網站上
填線上回函

◎ 如需詳細書目可上網查詢或來電索取。

◎ 客服專線：02-23672044 傳真：02-23635741

◎ 客戶信箱：service@morningstar.com.tw